张象 主编

宏观世界史系列概要

张象 李长林
刘明翰 刘宗绪
赵士国 著

天津出版传媒集团

天津古籍出版社

图书在版编目（CIP）数据

宏观世界史系列概要 / 张象主编. -- 天津：
天津古籍出版社，2018.7
ISBN 978-7-5528-0713-4

Ⅰ．①宏… Ⅱ．①张… Ⅲ．①世界史 Ⅳ．①K1

中国版本图书馆CIP数据核字（2018）第170195号

HONGGUAN SHIJIESHI XILIE GAIYAO
宏观世界史系列概要

张象/主编

出版人/张玮

天津古籍出版社出版
（天津市西康路35号　邮编300051）
http://www.tjabc.net

三河市冠宏印刷装订有限公司印刷
全国新华书店发行
开本 880 毫米×1230 毫米　1/32　印张 7.375　字数 159 千字
2018 年 9 月 第 1 版　2018 年 9 月 第 1 次印刷
ISBN 978-7-5528-0713-4　　　定价：35.00元

序　言

　　世界史就像一件大衣,它覆盖面广,时间跨度大,头绪繁多,内容庞杂。在教学与研究中,它常常给人以"乱"的感觉,不易入门,需要有一个提纲挈领式的读物来辅助理解。只要纲举目张,就会使杂乱的内容一目了然,从而让学员融会贯通。笔者从事世界史教学50余年,对此深有体会。为了有益于教学与研究,我和有同样感受的几位老教师,经商议决定从宏观视角编写关于世界历史的各断代及其研究状况的系列概要。

　　工作开始后,我们一致认为进行这项工作还有着更为重要的现实意义。它将有助于国人正确面对当今的全球化。马克思、恩格斯曾在《共产党宣言》中呼吁:"无产者在这个革命中失去的只是锁链,他们获得的将是整个世界。全世界无产者,联合起来!"[①]这就是说,我们的事业始终与世界连接在一起。虽然现阶段我们处于社会主义的初级阶段,但也绝不能忽视与世界的关联。不久前结束的中共"十九大"报告指出:"中国共产党是为中国人民谋幸福的政党,也是为人类进步事业而奋斗的政党。中国共产党始终把为人类做出新的更大的贡献作为自己的使命。"又

---

① 《马克思恩格斯选集》,北京:人民出版社,1972年,第253页。

指出"世界正处于大发展大变革大调整时期,和平与发展仍然是时代主题。世界多极化、经济全球化、社会信息化、文化多样化深入发展"。解读和理解这一不可逆转的发展趋势就需要世界历史的帮助。例如,习近平总书记提出的"一带一路"倡议就是历史经验的总结,是人类智慧的结晶。我们要正确理解和自觉执行这一方针,就必须要重温历史,树立新的世界理念。

"十九大"报告还指出:"我们生活的世界充满希望,也充满了挑战。"面对各种挑战和反全球化的逆流也需要从世界历史经验中寻求智慧。列宁曾对下属说:"考察每个问题都要看某种现象在历史上怎样产生,在发展中经过了哪些主要阶段,并根据它的这种发展考察这一事物现在是怎样的。"① 这就是说,我们要善于从历史的启迪中找到更好的前进方向,各级领导干部需要有丰富的世界史知识,以便能不断地提高决策和领导水平。

随着改革开放的不断深入,人们对世界知识的需求日益增大了。他们需要历史概要类的读物,作为其社会交往活动的指南。特别是大批中国企业和中方人员走出国门,去旅游、去贸易、去投资办企业、去工作。他们迫切需要了解宏观世界和所在国情况,不仅要知道现在,还需要知道过去。只有切实地了解对方,才能真正地走进去,才能适应所在的国家。所以,编写世界史概要在帮助人们学好世界史方面是有实用价值的。

基于上述认识,我们在策划编写世界史概要时,注重如下几个方面观念的指导:

第一,坚持马克思主义的历史观,特别是马克思主义的世界

---

① 《列宁选集》第4卷,北京:人民出版社,1995年,第26页。

史观。马克思、恩格斯还在19世纪中叶就提出了他们的世界史观:"由于日益完善的生产方式、交往以及因交往而自然形成的不同民族之间的分工消灭得越彻底,历史也就越是成为世界历史。"①马克思又说:"世界史不是过去一直存在的,作为世界史的历史是结果。"②马克思的这一观点在过去的苏联和我国史学界并未得到落实体现。在过去的教学与研究中,我们常常偏重于纵向社会制度的变迁而忽视横向世界的发展,留给学员的是抽象的政治经济学概念。这一点,我国直至改革开放后,在世界史教研中才有所改变。在编写世界历史概要时,我们首先要明确指出每一断代的中心内容和时代主题,对世界历史的纵向和横向发展在各断代中的主要表现要进行概括说明,对各地区在同一时代的不平衡表现也要进行明确地解读,这样才能使读者在历史总体感中真正理解马克思主义。这样做也是使马克思主义中国化、时代化、大众化的一种努力。

第二,力求清晰地、综合性地勾画历史线索,使人们不再感到世界史的杂乱无章,从而有助于读者历史逻辑和历史思维的形成。关于历史断代的分期问题,中外史家不尽一致。例如,对"中世纪"有的史书单列一个断代,有的则将其作为古代史的一部分。又如,"现代史"有的是列入"近代史"之中,统称 modernhistory,有的则是单列。在教学中,我们的断代分期为的是学习的方便,不是探讨历史的科学分期,因此,对"中世纪"和"现、当代史"我们基本上是作为历史单元的断代来安排的。

---

① 《列宁选集》第4卷,北京:人民出版社,1995年,第26页。
② 《马克思恩格斯选集》第2卷,北京:人民出版社,1995年,第88页。

第三，在概述断代历史的同时还概述该学科的发展。这里的意图是要启发学员立体地看历史，做大学问、真学问。因为历来对于历史的解读，都带有其时代的特性和人为色彩。尽管历史本身不能改变，但历史学的论述却变化无穷，每一部世界史读物都是历史学科发展变化过程的反映，是作者根据所处时代的条件和需求对历史进行的一种解读。如果读者了解了学科发展的情况，知道了不同时期、不同人群、不同阶级和民族的历史观及其在史学发展中所起的作用，那么对读者来说，特别是对有史学基础的读者来说，就会用发展的眼光学习和研究历史问题，从而会产生学习的主动性和创造性。

第四，为使该书有启发式的引导之效，能帮助读者独立思考和探索一些问题，我们在书后列举出一些思考题。这些题目反映每一段世界历史的重点，注重史论的结合和古今的联系，注重进行中外的比较和交流。这些题目是各位老教师多年教学心得的积累，也是各位老师征求多方意见、集思广益的成果。

我们从 20 世纪 90 年代即开始着手进行此项世界史概要的编撰工作，初稿完成后，由于出版问题未能顺利解决，该书与读者见面之事便拖了下来。不过这样反而使我们有时间不断地思考修改和补充。新世纪以来，国内外形势发生了巨变，使得我们又能用新的世界大视野来研究和回顾历史。在此过程中，有两位老师先后病故了。《历史教学》期刊从 2015 年第 7 期至 2016 年第 2 期以专题的形式连续刊发了本书的部分内容。根据读者的反馈以及"十九大"召开后出现的"构建人类命运共同体"等新思想，本书主编张象老师对这七个专题进行了修改和补充。所以现在奉献给大家的是一份有时代感、有新理念、注重系统性与专业性紧密结合的世界史普及读物。该书汇聚了众位从事世界史教学与研究工作的教师多年的心得。当然还有不足之处,望学界同仁与广大读者批评指正!

张象

目 录

世界史学科的由来与发展概论/张象 …………………………… 1

世界上古史概要与学科发展概况/李长林 …………………… 27

世界中古史概要及其学科研究情况简述/刘明翰 …………… 56

世界近代史的特征与发展概要/刘宗绪 ……………………… 75

世界近代史学科发展述要/赵士国 …………………………… 97

世界现代史新体系解读概要/张象 …………………………… 114

世界现代史学科发展述要/张象 ……………………………… 152

附录1:学习研究宏观世界史思考题/张象 李长林
   刘明翰 刘宗绪 赵士国 …………………………… 182

附录2:论构建有中国特色的世界史体系/张象 …………… 201

附录3:论古丝绸之路历史对现实的启示/张象 …………… 210

世界史学科的由来与发展概论

张象

世界史是一门综合性的学科,但它既不是历史的大杂烩,也不是一个民族不少、一个国家不缺的档案式的历史记录,而是展示人类命运共同体发展进程的学科。它要从总体上综合性地解读全人类的生活轨迹,讲述全世界人民为追求生存条件的改善和彼此交往范围的扩大而不断奋斗创新的历程。为此它要从两个方面进行解读:一是纵向解读人类的社会与物质生活从低级向高级演变的过程;二是横向解读各地区、各群体由分散到整体的过程。旨在揭示世界历史发展的规律和趋势,总结历史的经验和教训,以有助于当代人去创建更加美好的新世界。

世界史学科的产生和发展取决于三个条件:一是世界客观形势与人们交往状况的不断变化要求更新世界史学科理论;二是世界史学科理论的更新要对世界史进行新的解读;三是教育与学术环境的优化造就出大批的专业人才,他们将世界的新变化、世界史研究的新材料落实于史籍。

一、世界史学科在国外的产生与发展

在国外,主要是西方国家的世界史学科,其诞生与发展经历了三个时期：

(一)只能记述局部世界历史的时期

古代居民认识世界有一个过程，他们最初感知到的是周边的局部世界，因此他们记录的最初的世界史也只是局部的世界史。在西方，这一时期约持续两千年，其间分为上古与中世纪两阶段。上古阶段的史学以希腊、罗马史学为代表。被誉为西方史学之父的希腊史学家希罗多德（前484—前425），他记述希波战争的9卷本《历史》，用了一半的篇幅记述当时希腊人的已知世界，范围包括东地中海地区，小亚细亚、波斯、巴比伦、埃及和多瑙河流域。因此，这部书也被视为西方首部世界史著作。罗马史学继承希腊史学的传统，在记述罗马发展史时也记述了已知的外部世界。例如，著名的史学家波里比乌斯（约前200—前118）的40卷《通史》，就将罗马史与相关的外部世界史联系起来记述。此后恺撒（前100—44）的《高卢战记》、塔西陀（约56—120）的《日耳曼尼亚志》都记述罗马的外部世界，这两部书中所记述的地域范围比希腊人记述的要广，包括地中海西部、北非和西欧地区。至于更远的东方世界，对当时的罗马人来说还是一个模糊的概念。

5至14世纪是西方中世纪史学阶段，神学理念支配着一切。基督教会十分重视世界史，并建立了基督教神学型世界史编纂体系。这一体系从"上帝创世纪"开始，讲述上帝安排的历史进程，认为历史的终极将是"上帝之国"在人间的出现。许多著作虽以"世界史"命名，但实际讲述的范围却是基督教传播的世界，将异教控制区排除在外。这仍然是以欧洲为中心的局部世界史。德意志弗赖辛主教鄂图（约1114—1158）所著8卷本《编年史》，在众多基督教史书中,被誉为第一次有着世界历史联系概念的著作。在该书中,鄂图贯彻了基督教的"普遍主义",他也因此被誉为中世纪最伟大的史学家。

与基督教史学几乎同时建立的是阿拉伯—伊斯兰史学。代表的学者有:被誉为伊斯兰史学创始者的塔伯里(838—923),他著有《历代先知与帝王史》40卷;马苏迪(?—956),他著有《黄金草原和珍贵宝藏》30卷,该书多记载了他考查过的印度和东南亚地区;伊本·卡尔敦(1332—1406),他著有《阿拉伯人、波斯人及柏柏尔人》7卷,该书不仅讲述历史,还提出了新的历史哲学。这些学者记述的已知世界范围比基督教史学宽广,但仍限于伊斯兰教的传播世界,"化外地区"不受重视。

中世纪后期,在西欧和阿拉伯世界都出现了一些旅行家写的游记,例如1299年开始传诵的《马可·波罗行记》,1355年的《伊本·白图泰游记》等。这些游记介绍了中国和东方世界,拓展了西方人的世界视野。但由于这些游记的内容在西方史籍中均未有所反映,因此,第一时期史学的基本状态并没有改变。

(二)全面写实的世界史学形成的时期

15至16世纪是西方世界史学发展的转折期,此时的西方世界史学开始突破神学史观的桎梏,并开始改变只记述局部世界史的局面。这里面的原因主要是:其一,"地理大发现"开拓了西方人的视野;其二,神学史观受到"日心说"等科学成果的冲击,人们开始直面真实的世界;其三,文艺复兴运动使人文主义理念成为历史学家们的创新动力。所有这些因素的背后,是资本主义生产关系在西欧的建立。

从开始转折到形成真正的世界史学科历时数百年,分为三个阶段:

1. **从"神学"到"人学"史学观的转变**(15、16 世纪至 18 世纪中期)

"地理大发现"与文艺复兴促进人们的世界地理观与人文主义世界史理念的形成。新的世界史观首先是从人们熟悉的本地区历史开始,然后才影响到世界史编写的理念。例如,意大利政治学家马基雅维里(1469—1527)是通过编写《佛罗伦萨史》来宣扬人文主义的。在其名著《君主论》中,他引用了诸多意大利以外地区的世界史论据,促进了真正世界史学的萌生。又如,英国托马斯·莫尔(1418—1535)的《乌托邦》、历史哲学家培根(1561—1626)的《国王亨利统治时期的英国史》都拨开了宗教史观的迷雾,为理智的世界史学的诞生开辟了道路。

2. **理性主义世界史学的诞生**(18 世纪中期至 19 世纪前半期)

在西欧兴起的工业革命,使工业制品开始销往世界各地,殖民主义"火与剑"的行动遂遍及全球,这使得西方社会对世界史知识的需求迅猛增长起来。与此同时,启蒙运动在西方掀起了文艺复兴运动之后的第二次思想解放运动,对史学中的神学体系予以有力的冲击。在此背景下,真正意义上的世界史著作纷纷问世了。1756 年,阿鲁埃·伏尔泰(1694—1778)推出的《论世界各国的风俗与精神》(中译本简称《风俗论》)一书,被誉为第一部具有近代意义的世界史。该书不再以"上帝创世纪"为开篇,而是从古代中国讲起,它的横向叙述范围不再限于基督教世界,而是扩大到亚非美各大洲,并且开始把人类历史作为一个整体来考察。不过,这仅仅是一个开始,该书所讲述的主题仍然是西欧历史。

理性主义的世界史学在德意志得到了长足的发展,因为这里有过马丁·路德的宗教改革和农民战争以及普鲁士的"开明专制"。18世纪中叶,"哥廷根学派"从德意志哥廷根大学的史学讲座衍变而成,该派主要弘扬伏尔泰的理念,注重世界史研究。代表人物伽特尔(1727—1799)提出要研究世界史应该如何布局的问题:哪些问题可写入?哪些不必写?怎样分期?他在《世界历史要览》一书中,明确提出了"古代""中世纪""近代"三个阶段的概念。

3. 具有一定科学意义的世界史学在西欧的形成(19世纪后半期)

第二次产业革命使得以西欧为中心的资本主义世界经济体系进入高歌猛进的时代。在这种背景下,真正世界史学科的形成具备了客观条件。19世纪中叶,德意志被誉为"近代史学之父"的史学家尼布尔·兰克(1795—1886)与他的弟子共同提出了客观主义史学的实证理论。这一理论的提出,为其赢得了史学界的领军地位。尼布尔·兰克著有《拉丁和条顿民族史》《宗教改革时期德意志史》《教皇史》等,这些著作无一不体现出他"如实记述"、用第一手材料说话的主张,从而将历史学科推上了科学化的道路。1877年,尼布尔·兰克通过口述编纂了七卷本《世界通史》,该书是科学化世界史形成的代表性著作,与此同时,法国实证主义史学家杜律伊(1811—1894)主编了《世界历史丛书》,拉维斯(1842—1922)主编了《世界通史》10卷本,英国剑桥学派史学家阿克顿(1834—1902)着手编撰了《剑桥近代史》。这些著作的问世,都显示出世界史学科在西方已完全形成了。这一时期的世界史著作的共同特点是以世界民族国家为历史叙述单位,主导思想是以"西欧为中心"。尼布尔·兰克认为,只有欧洲的六大民族——法兰西、西班牙、意大利、德意志、英吉利、斯堪的纳维亚是世界历史发展的主流,其他地区的诸民族不过是主流的"附加物"而已。用这种观点审视世界历史的变迁,实际上是西欧资本主义处于盛世的一种表现。

(三)西方世界史学的革新(20世纪初至今)

进入20世纪,世界形势又有巨变。资本主义发展不平衡的加剧导致英法衰败、美日崛起,俄国与东方国家的革命运动方兴未艾。"西欧中心论"的世界史学观念受到了现实的挑战,并由此而先后出现两次革新浪潮。

1. 20世纪前期西方世界史学的革新浪潮

最先向兰克学派的世界史学说"不"的是比较文化形态史学。德国中学老师斯宾格勒(1880—1936)是比较文化形态史学的第一位代表人物。他于1918年出版了《西方的没落》第1卷,1922年又出版了第2卷,轰动了整个欧洲。他认为世界历史是各种文化的"集体传记",每一种文化都有生、长、盛、衰的过程,西方的"没落"是不可避免的。这种面对现实,又从世界整体性、综合性的角度出发的论证确实很吸引人。他公开反对"西欧中心论",认为世界历史文化有8种:埃及、巴比伦、印度、中国、古典(希腊罗马)、墨西哥、阿拉伯伊斯兰和西欧。他通过比较认为,这8种文明,有7种已经死亡,只有西欧文明虽已度过繁荣期,但还处于"反省和物质享受"阶段,与前7种文明相比,它有特殊的使命,是世界上唯一还有生命的优越文化。这实际上是在宣扬一种改头换面的"西欧中心论"。

伦敦大学教授阿诺德·约瑟夫·汤因比(1889—1975)是文化形态学世界史观的第二位代表人物。他从1934年起陆续出版了12卷本的巨著《历史研究》,宣扬他的文化形态学世界史。与斯宾格勒不同的是,他将影响世界历史的8种文明扩大为26种,从而进一步拓展了人们从文明发展角度观察世界的视野。他认为每个文明的价值是相等的,虽然都有兴衰过程,但衰亡是可以防止的。因而,他反对"西欧中心论"。他还涉足外交,注重当代事变,参与主编每年一卷的《国际事务概览》。他用"文明循环论"解释历史,认为西方衰落是可以改变的。而他的英雄史观和西方文明优越论都使其《历史研究》陷入窘境,直到1961年才出齐12卷,他想修改书中的许多地方而未能如愿。

与汤因比差不多同时向已往的世界史学冲击的是法国年鉴学派。1929年1月,斯特拉斯堡大学的吕西安·费弗尔(1878—1956)和马克·布洛赫(1885—1977)创办历史杂志《经济与社会史年鉴》,公开声明要挣脱实证主义史学的束缚。他们与历史学之外的地理学、人类学、社会学、经济学、哲学等诸多学科门类的学者,共同主张从总体上关心人类的历史活动,服务于人类的活动。他们提出了"总体史学"的概念。第二代年鉴学派代表人物费尔南·布罗代尔(1912—1985)于1949年出版了《地中海和腓力普二世时期的地中海世界》。该书从地理环境讲起,然后论及社会经济和政治外交,具体反映了年鉴学派的总体史观。

这一时期,西方传统史学遇到最大的挑战是马克思主义史学在苏俄的兴起。19世纪中叶,马克思、恩格斯提出了全新的世界史学理论,但没有机会落实到具体的世界史编纂中。十月革命后,在苏联陆续开展了以马克思主义为指导的世界史教研活动,到20世纪30年代初期形成了体系。大学历史系规定世界古代史、中世纪史、近现代史和殖民地保护国新历史为世界史的必修课。在此教学与研究的基础上,苏联从1955年起陆续出版了多卷本《世界通史》。该书以社会经济形态的变化为标准划分历史阶段,重视人民群众和被压迫民族在历史上的作用。尽管它对世界整体化进程的主题重视不够,存在有教条主义与大俄罗斯主义的缺点,但是它在深化人们对世界历史的认识,推动学科走向科学化的方面做出了诸多贡献。

2. 20世纪后期的全球史浪潮

第二次世界大战后,美苏成为超级大国,而西欧诸国则降为二、三等国家。亚非会议后,新兴的发展中国家登上国际舞台。世界形势巨变的现实完全否定了"西欧中心论"。英国史学家杰弗里·巴勒克拉夫于1955年在《变动世界中的历史学》文集中呼吁要"跳出欧洲,跳出西方"、要关注"所有的地区和所有的时代"。1978年,他受联合国教科文组织的委托,出版《当代史学主要趋势》一书,该书明确提出要超越民族和地区的界限,"建立全球的历史观"。他还肯定苏联世界史学的成就,主张要看到苏联史学的发展变化。

美国史学家威廉·麦克尼尔积极响应巴勒克拉夫的呼吁,于1963年出版《西方的兴起——人类共同体史》一书,对西欧中心论的世界史体系进行了实际的革新。接着他又将该书修订为《世界史》教科书,与斯塔夫里阿诺斯于1970年出版的《全球通史》一起将新的全球史观推向了实践阶段。1990年杰瑞里·本特利主持的《世界史杂志》的问世,及其对跨文化史学研究的提倡,对全球史研究热潮的形成起了推波助澜的作用。2000年本特里与赫格勒合著的《新全球史》是影响最大的一本教科书。全美有70%的公立大学开设这门课，有的洲还规定中学也要讲全球史。

新兴的全球史观与之前文化形态学的世界史观虽有不同，但仍属一脉相承。麦克尼尔将自己的书起名为《西方的兴起》就是反斯宾格勒《西方的没落》之意而用之，彰显了他们之间的联系。他十分崇拜汤因比，写过《汤因比传》。他将全球各个文明作为一个不断变化的整体进行考查。他认为各文明间的交流，特别是发展水平高的地区的技术与文化向发展水平低的地区传播交流是世界历史发展的基本趋势。所以，他笔下的世界史仍然是欧美文明胜利进军的历史。斯塔夫里阿诺斯也是这样，他声称要站在月球上看地球，关注全人类和全球，不受西方与非西方地域的局限，但他在实际纂写中并没有克服对东方历史是停滞落后的偏见，以致有人批评其著作仍存有"西方中心论"的余毒。

二、世界史学科在中国的萌生与成长

中国的世界史学科与国外一样，最初也是只能书写已知的局部世界史，这一阶段大概持续了两千多年。我国西汉时期的史学家司马迁可谓是中国的希罗多德，他在《史记》中记载了当时已知世界的情况，论及的范围东起朝鲜、西迄阿富汗、波斯。所以，《史记》不仅是中国编年史的首卷，也是中国世界史的开端。司马迁可谓是中国的第一位世界史学者。班固的《汉书》也记载了周边民族和国家的历史与现状。此后的官修史书，除《陈书》《北齐书》外均有外国传记，到了《明史》，外国传记的规模越来越大，记事越来越多,范围也越来越广。除正史外,在诸多野史中也记载了外国事宜。例如,1178年周去非写的《岭外代答》,1225年赵汝适写的《诸番志》,1368年汪大渊写的《岛夷志略》等。无论是正史还是野史,记载的范围大体上都是东起日本,西至阿拉伯半岛,南面包括东南亚诸岛和印度。由此可见,当时的已知世界也是一个局部的世界。不过难能可贵的是,中国古史籍并没有被神学的迷雾所笼罩,皆是如实的记载。对于更远的地区,如罗马(大秦)、埃及(黎轩)等,当时的史书虽记述简略、不连贯,但概念尚正确。而同时代的西方古籍连中国的名称都弄不清楚,直到1世纪时还常写成两个地名。对于非洲,直到14世纪时,西方古籍上绘制的地图还都是向东延伸的无界大陆。而在中国,元朝人绘制的《舆地图》中,非洲则是一个与实际相符的倒三角形。但中国古代官修史籍也有诸多弊病,特别是以"天朝为核心"的史观限制人们视野,所谓的"天下",实际上只是指能"朝贡"的地区。梁启超就曾批评官修史书为"知有朝廷而不知有国家""知有陈迹而不知有今务"。明朝后期和清朝的闭关锁国政策,表现出当时的政府对外部世界的不重视,以至于《明史》将葡萄牙(佛朗机)的位置写成在马六甲附近。直至19世纪中叶,西方殖民主义者的炮舰才使古老中国的世界理念有所改变。

新的世界史学在中国的出现与成长并非易事,其曲折历程可分为4个阶段:

(一)新的世界史地观念形成期(从19世纪中叶至20世纪初)

外来鸦片的毒害与两次鸦片战争的失败,使中国上上下下不得不"开眼看世界",改变保守的"天下观"。1836年,林则徐组织编译《四洲志》。1842年,魏源扩充前书,编写了50卷的《海国图志》,1847年增补为60卷,1852年增补为100卷。1848年徐继畬编写10卷本的《瀛寰志略》,着重对18个国家与地区的史地与社会政治进行介绍。《海国图志》和《瀛寰志略》成为了当时的中国人了解世界最重要的两部读物。由于当时的清政府要"师夷长技以制夷",只注重西方的"炮舰技艺",对其历史文化并不重视,因此在中国约半个世纪没有出现过一本有近代理念的世界史著作。不过这一时期科学的史地观的转变对中国世界史学的诞生还是有益的。

(二)以《西洋史》为主的世界史学在中国的萌发(约1900—1949)

19世纪末20世纪初,在中国发生了一系列大事件:甲午战争与戊戌变法的失败、清政府"新政"的实施、辛亥革命的成功等。这一系列的事件使人们认识到"国有学则虽亡而复兴,国无学则亡而永亡",学习西方不能只着眼于军事技艺,也要学习包括历史在内的文化与社会政治内容。为了使国人"知古今世界之变迁",各类学堂都开设西洋史课程。1902年京师大学堂开学,率先把《万国史》列为必修科目。辛亥革命后废除科举制度,大批大中学校兴办起来,这些院校普遍设置《西洋史》《东洋史》课程。课程所用教材约有30余种,主要译自日文的《万国史》著作,或编译自英文教材。

"五四"运动后,随着一批在国外学习历史和人文学科的留学生渐次回国,开始出现了专职的《西洋史》教师,也开始有了中国学者写的有关世界史的专著。例如:1919年北京大学始设史学系,西洋史课由留美归来的何炳松、陈衡哲教授讲授,何著《西洋百年史》、陈著《西洋史》被商务印书馆于1924—1926年多次再版推荐为中学教材;1927年雷海宗先生留美归来,在南京中央大学讲授西洋史;刘崇鋐在清华大学,阎宗临在中山大学都讲过西洋史。同时期欧美的有关名著也被翻译到国内,如英国人韦尔斯的《世界史纲》,美国人卡尔登·海士和汤姆·蒙合著的《近代世界史》等。为什么在当时中国流行的是"西洋史"而不称"世界史"?这显然是旧中国半殖民地化后在意识形态领域中的一种反应。

进入20世纪30年代,国内学者对世界史的专题研究也颇有成果。研究主要集中在国际关系、中外关系和外交方面。九·一八事变后,王芸生在天津《大公报》上连载《六十年来中国与日本》,后集结成7册史科与研究合一的专著出版,在当时影响极大。另有张星烺编著的《中西交通史料汇编》、冯承钧的《中国南洋交通史》、向达的《中西交通史》、周鲠生的《近代欧洲外交史》等。1936年王绳祖编写的教材《近代欧洲外交史》,抗战后张铁生的《近代国际关系史》,皆属难能可贵之作。

(三)世界史学科在我国正式建立(约从1949年前后至1978年)

在我国,真正全面、科学的世界史学科的创建发生在新中国成立前后。造成这一历史大转变有三个方面的原因:一是反法西斯战争的胜利使中国的国际地位得到了提高。从开罗会议起,中国就成为世界四大国之一,联合国建立后又成为五个常任理事国之一。对于西洋史体系中没有中国的地位,中国人再也不能接受了,"去殖民化"的意识开始萌生,进步的历史学家们开始寻求改变。周谷城先生于20世纪40年代在复旦大学文法学院主讲世界史,并在1949年4月出版了突破欧洲中心论的3卷本《世界通史》。① 二是苏联成为世界一流强国,社会主义制度得到巩固。东欧各人民民主国家的建立和亚洲的中、朝、越、蒙新政权的诞生,都宣告了马列主义的历史性胜利。在世界史教研中贯彻马列主义、改变《西洋史》的唯心主义历史观,是新时期的迫切要求。苏联史学界在这方面已经探索了几十年,学习苏联是所有进步学者的共同渴望。当时有些学者,如吴清友先生从1940年起就着手翻译苏联刚出版的《殖民地保护国新历史》,②并于1947年在大连出版该书的译著。苏联弗·鲍爵姆金主编的《世界外交史》也被中国学者翻译于新中国成立前。1949年后大批苏联世界史著作的翻译出版,对我国世界史学的革新创建所起的积极作用是不能抹杀的。三是新中国的外交实践和出现的新问题的需求。如中苏同盟、朝鲜战争、亚非会议等,解读新中国的国际关系、揭露帝国主义大国的本质、歌颂国际工人运动与民族解放运动等,都需要有新的世界史研究和教学工作来配合。完成这些新任务的主要有两代学者。第一代是新中国成立前大学毕业或留学归国的世界史学者,他们在这一时期大都是教学和研究工作的带头

---

① 周谷城1898年生于湖南益阳县,毕业于北师大英语部,1920年在长沙第一师范任教,1927年在上海复旦大学任教,1942年在复旦教授世界通史,并编著非欧洲中心论的通史,1949年由商务印书馆出版。

② 苏联科学院历史研究院古柏尔教授等20余人从1934年起编写《殖民地·保护国新历史》二卷本,1940年出版,吴清友翻译该书的上卷(1789—1918),1947—1949年3月大连读书出版社分4册出版。鲍爵姆金主编的2卷本《世界外交史(从古代至1940年)》1949年前就被翻译。1949年11月至1951年10月由北京五十年代出版社分5册出版。此后大量的苏联史学著作被译成中文,参见于沛:《当代中国世界历史学研究》(1949—2009),北京:中国社会科学出版社,2012年,第15—33页。

人。第二代人是新中国成立后培养出来的大学生和研究生,其中少数是20世纪50年代初期派往苏联留学归来的学子。这一代人在当时一般是承担辅助性的工作。两代学者各有优缺点,不过勤奋敬业、无私奉献是他们共同的特征。

为创建新中国的世界史学科,全国有三家教学单位表现突出:其一是一直起着领头作用的北京大学,其历史系、外语系和相关外国问题研究的部门有很多的知名学者,他们是世界史学科的带头人。北京大学历史系主任、马克思主义史学家翦伯赞参与制定了全国性的包括世界史学科在内的史学规划。① 其二是东北师范大学,它的前身是中共于1946年2月创建的东北大学,教师干部来自延安,为实现"东北是全国解放基地"的战略,东北师大的各科系非常重视为全国培养相关人才。1948年东北师范大学正规化后,从京津、宁沪调去许多知名学者。林志纯(日知)、郭守田、刘炸昌等学者带领朱寰等青年教师与苏联专家配合,于1953年起在东北师范大学创办研究生班,在世界古代史方面培养了不少人才。1955—1957年,东北师范大学受教育部委托,又聘请苏联专家到校举办了世界古代史、远东及东南亚史等大学教师进修班,培养了一大批相关人才。后来有人称东北师范大学是中国世

---

① 20世纪50年代北大的世界史学教师有:周一良(亚洲史)、齐思和(古代史)、张芝联(近代史、法国史)、杨人楩(法国史、非洲史)、罗荣渠(拉美史)、马克垚(中古史)、朱龙华(上古史)等。又如向达(图书馆馆长)、季羡林(在东方语言系研究印度)、马坚(研究阿拉伯)等。

界史学的"摇篮",此说是有一定道理的。① 其三是南开大学。抗战时期,南开与北大、清华组成西南联大,一度成为中国的文化学术中心。1952年院系调整后,北大历史系主任、原西南联大文科研究负责人郑天挺教授调到南开任历史系主任,清华历史系主任雷海宗教授调到南开任世界史教研室主任,他们还带来了一些优秀的教师,从而使南开历史系成为"小西南联大",受到学界瞩目。1953年,翦伯赞与郑天挺任全国历史系课程规划正、副组长,正式将世界史分为上古史、中世纪史、近代史、现代史和亚洲史5个门类。这样的学科划分在国内产生了广泛而深远的影响。1954年,雷海宗先生编写了被教育部定为全国第一批高校交流讲义的《世界上古史讲义》。② 为适应亚非会议后社会大众对亚非史知识的需求,吴廷璆先生主持成立了亚洲史教研室,该教研室的黎国彬先生编写并出版了国内第一本亚非国家历史专著——《印度尼西亚史》,杨生茂先生是国内最早的中学世界史教材和教育部主持制定的世界近现代史教学大纲参与编写者,梁卓生先生是新中国成立后留美归来的国内少有的第一批世界现代史专职教师。1958—1961年为应对国内亚非拉读物较为奇缺的情况,南开大

---

① 1950年东北师大创办正规化历史系后,集聚了诸多专家,世界古代史有林志纯(日知)、邹有恒,中世纪史有郭守田、戚佑烈、朱寰,近代史有刘祚昌、王荣堂,现代史有丁则民、何基,各段都编写有齐全的教材。1953年起举办几届研究生班,培养出著名学者有:刘文鹏、李长林、刘家和、周怡天、毛昭晰、崔连仲、王阁森等(古代史);刘明翰(中世纪史);韩承文(近代史)等。毕业于苏联专家进修班的学者有:彭树智(中东史)、艾周昌(非洲史)、王春良(拉美史与世界现代史)等。

② 该讲义还附有中外历史对照表和人名地名中外对照表及名词解释,颇有创意。教育部将其定为全国首批高校交流讲义,由高教出版社出版。正准备发行时,因雷先生1957年被划为右派而撤销。2012年经其学生王敦书整理,由中华书局出版。

学历史系教师与研究生以"南开大学历史系世界史教研室"的名义出版了一系列关于中国与阿拉伯关系、亚非拉民族解放斗争的著作,这在当时是极为难得的。①《历史教学》是当时国内地位仅次于《历史研究》的学术期刊,该刊对推动我国世界史教学与研究做出过极大的贡献,该刊的主要创办者之一是南开大学历史系,主编是世界史专家吴廷璆先生,编委特别是世界史方面的编委也多为南开大学教师。

这一时期,我国世界史研究成果中最有代表性的是周一良、吴于廑主编的 4 卷本《世界通史》(人民出版社,1962 年),该著作由中宣部策划、国家教育部组织编写,具有特别的权威性;该著作吸收了全国各地自 1949 年以来的有关研究成果,具有广泛的群众性,从该著作各卷主编、参编人员和与此著作相配合的《世界通史资料选辑》各卷参编人员,就可以看出这一点。②

还需要指出的是,该 4 卷本通史虽然受到了苏联史学的影响,但也有它自己的特点和创新之处。1956 年"苏共 20 大"后,

---

① 黎国彬:《印度尼西亚简史》,荆门:湖北人民出版社,1957 年。1958—1961 年编写的 6 本书是:《中国和阿拉伯人民的友好关系》,石家庄:河北人民出版社出版,1958 年;《中东民族解放斗争简史》,天津:天津人民出版社,1958 年;《中东民族解放运动大事年表(1917—1958)》,天津:天津人民出版社,1958 年;《拉丁美洲民族解放斗争简史》,天津:天津人民出版社,1958 年;《拉丁美洲民族解放斗争大事简记》,天津:天津人民出版社,1958 年;《北非民族解放斗争简史》,《历史教学》1958 年第 12 期至 1960 年第 8 期连载,因故未能合成一书。这些书均经杨志玖、杨生茂、梁卓生、雷海宗等老专家审校。

② 周一良、吴于廑主编:《世界通史》,上古分册主编:齐思和;中古分册主编:朱寰;近代分册两卷主编:杨生茂、张芝联、程秋原。《世界通史资料选辑》,上古卷主编:林志纯;中古卷主编:郭守田;近代卷主编:蒋湘泽;现代卷主编:齐世荣。另见各卷内封面说明,均吸收了各校的研究成果并有众多人员参与。

我国开始重新审视苏联经验并演变为"中苏分歧",国内掀起了高举毛泽东思想红旗的热潮,这样已经变化了的思想大环境也影响到了史学研究的领域。① 据南开世界近现代史教研室主任、该书后两卷的主编之一杨生茂先生说,当时编写组十分重视创新的问题,例如在如何将中国写入世界史、如何写亚非国家古代的社会性质、如何突出亚非历史的地位、如何处理与苏俄有关的远东问题的表述等问题上,编写组都有不同于苏联史学著述的看法。近年来,我国史学界有一个说法,就是把这一时期我国的世界史教学研究说成是"苏联体系占统治地位时期"。这一概括欠准确。实际情况并非全然如此,特别是在教学领域,当时的主讲教师虽然重视学习苏联经验,但是他们自身的学习经历和所掌握的材料都决定了他们不可能照搬苏联的一套。

作为新中国第一部综合性的世界史著作,4卷本《世界通史》的问世确实具有很大的意义,但它并不代表中国世界史学科的形成,因为它还不完善,缺少现代史部分。同期问世的资料丛刊和世界史通俗读物丛书,也都是只开了个头就中断了,对学科建设的作用不大。这一时期全国还没有一份《世界历史》刊物发行。因此,1978年以前我国的世界史学科只是开始建立,但并没有真正完全建立起来。

---

① 这里仅以笔者所在的南开大学历史系为例,1958年全系师生编印了《毛泽东论历史科学》一书。世界史的教师与同学多次讨论过"毛泽东思想能否指导世界史研究",结论是肯定的。并强调:毛泽东同志说中国革命是世界的一部分,作为中国革命的历史背景也是世界一部分,世界史必须要将中国史包括进去。该系教师梁卓生在《历史教学》1960年第8期上发表论文:《以毛泽东思想指导世界现代史教材编写工作的点滴体会》。

(四)中国世界史学科突飞猛进的年代(1978年以来)

改革开放以来,国内经济飞速发展,政治环境稳定宽松,世界史学科教学研究呈现突飞猛进的新局面。这一时期,有四代学人在为世界史学科的建设而奋斗,除上述二代学人外,又增添了恢复高考后成长起来的大学生、研究生第三代学人和21世纪毕业的第四代学人。这一时期的主力是第二、三代学人。

1979年4月,在北京召开全国世界史学科新规划工作会议。这是学科发展的一个新起点。为迎接学科的春天,会上提出了诸多新的理念、规划和课题。例如,吴玉廑先生提出了曾被忽视的马克思主义世界史观,即:世界史不是过去一直存在的,世界史是历史发展的结果。他主张世界史不仅要纵向表现人类社会的演变,还要横向表现从分散到整体的过程。会后,他在诸多论著中阐述了此理论。

在以陈翰笙为首的社科院世界史研究所的努力推动下,全国各地先后建立了10多个世界史学研究会,对促进学科的交流和工作的组织起到了积极作用。① 各学会建立后首先面临的工作是"拨乱反正",清理以往"极左"思潮和苏联世界史体系的不良影响。"极左"思潮的不良影响主要是:受"以阶级斗争为纲"的影响,过分突出政治史、革命史,忽视经济史、文化史;受"路线斗争"的影响,对人物、制度、事件的评价有简单化、片面化、绝对化倾

---

① 参见吴于廑:《关于编写世界史的意见》,载《吴于廑学术论著自选集》,北京:首都师范大学出版社,1995年。最先按照吴先生理念编写通史教材的是李植枬等主编:《从分散到整体的世界史》(共5册),长沙:湖南出版社,1988—1991年。另参见于沛:《当代中国世界历史学研究》(1949—2009),北京:中国社会科学出版社,2012年,第100—108页。

向。苏联世界史体系的不良影响主要表现是：苏联史学教条主义作用在历史分期上的"一刀切"、对社会性质表达绝对化以及一些大国主义曲解历史的现象。为了克服这些问题，20世纪80—90年代出版的世界通史和断代史著作有数十种之多，这些著作中有的一直在修改使用。① 其中，影响最大、最具代表性的成果是吴于廑、齐世荣主编的6卷本《世界史》（高等教育出版社，1992—1994年），②该著作最突出的特点是在史学史上第一次切实地贯彻了马克思主义的世界史学理论，从体系上落实了人类社会从分散到整体的过程，这在国际史学界也是独树一帜的。另外，该著作还摒弃了"当代人不能写当代史"的陈规陋习，将现代史和当代史专设两卷，这样的比例安排在国际学界也是少见的，特别是现、当代卷中还有中国特色社会主义理论的一些新概念。③

随着20世纪的终结和新世纪的到来，为适应新的形势，齐世荣先生又主编了4卷本《世界通史》，并与廖学盛共同主编了《20世纪历史巨变》。进入新世纪后，中国社科院世界史研究所《世界

---

① 例如崔连仲、刘明翰等主编的《世界通史》由山东、河南、西北多所大学的老师合写，1983年由人民出版社出版了四卷，后又增补现、当代卷，2004年被收入《中国文库》。另参见于沛：《当代中国世界历史学研究》（1949—2009），北京：中国社会科学出版社，2012年，第147—181页。

② 各分卷主编：古代史上卷刘家和、王敦书；下卷马克垚、朱寰，近代史刘祚昌、王觉非；现代史编上卷齐世荣，下卷彭树智。

③ 1987年8月该通史编写工作会议在延吉市延边大学召开，齐世荣先生让笔者起草第6卷的编写大纲，供讨论。我以南开大学现行当代史教学大纲为基础拟定。该教学大纲初拟于1971年工农兵学员入学，已经过10多年的教学实践和修改，拟订中注意体现党中央提出的划分三个世界，不称霸理念，和平发展是时代主题的理念及社会主义初级阶段理论等诸多马克思主义新思想。

历史》总编委会主编了18卷38册的《世界历史》(江西人民出版社,2010—2012年)。不少第一代老学者,如蒋孟引、吴廷璆、刘绪贻、杨生茂、杨仁俊、张芝联等,将过去得不到出版的成果作为国别史专著出版,在他们的带动下,大批国别、地区史专著不断涌现。① 在国际关系史方面,除各种简编著作问世以便教学外,还有10卷本的综合性著作《国际关系史》出版,此时期的著作对第二次世界大战、冷战及某大国对外关系史的研究有相当的深度,并且也开始了国际关系理论问题的研究。② 在经济史方面,新的成果是对现代化的研究,从理论到实践,从全球综述到国别论述都有新著出版。③ 在文化史方面,中外文化交流史是我国学者已往的强项,现有新著更能达到世界水平;④现当代世界文化史在

---

① 例如蒋孟引主编的《英国史》、张芝联主编的《法国史》、吴廷璆主编的《日本史》、杨人楩的《非洲史》、李春辉的《拉丁美洲史》,刘绪贻、杨生茂主编的《美国通史》6卷等。详见于沛:《当代中国世界历史学研究》(1949—2009),北京:中国社会科学出版社,2012年,第181—215页。

② 王绳祖主编:《国际关系史》10卷本,北京:世界知识出版社,1996年。后由中国国际关系学会主编了第11、12卷。参见于沛:《当代中国世界历史学研究》(1949—2009),北京:中国社会科学出版社,2012年,第252—293、311—321页。张季良主编:《国际关系学概论》,北京:世界知识出版社,1989年。该书是我国学者探讨国际关系理论最早的草创之作。

③ 北京大学罗荣渠教授在这方面的研究起了带头作用,参见于沛:《当代中国世界历史学研究》(1949—2009),北京:中国社会科学出版社,2012年,第321—335页。

④ 例如,周一良主编:《中外文化交流史》,郑州:河南人民出版社,1987年;季羡林:《中印文化关系史论丛》,北京:人民出版社,1957年;周谷城、田汝康主编:《世界文化丛书》20种,杭州:浙江人民出版社,20世纪80年代陆续出版;马骏骐:《碰撞、交融:中外文化交流的轨迹和特点》,贵阳:贵州人民出版社,2006年;裔昭印主编:《世界文化史》,上海:华东师范大学出版社,2000年;张广智等主编:《世界文化史》,杭州:浙江人民出版社,1999年。

中外教科书中都是薄弱环节,现也开始探索总结成书。① 我国世界史研究中的空白领域开始逐渐被填补,其中最突出的是对史学理论和外国史学史的研究。② 在全世界史学界也属新兴领域的生态环境史在我国也开始起步了。③ 此外,世界史研究缺乏工具书的状况也得到了改善。④

据不完全统计,2001—2005年国内发表的世界史论文3500余篇,出版专著500余部,⑤但其中涉及非洲史的论文相当的少,仅有寥寥几篇。这种严重不平衡的现象,是一门学科处于幼年时期的正常状态。引文资料的来源80—90%是英文书刊,甚至研究俄、法和西班牙语区问题的论文也都使用英文资料,至于论题内容多为史实的重述及国外情况的介绍,综合性、理论性的论题极少,这反映了多数研究者的功底尚薄,也可以说在世界史学科取得辉煌成就的背后,仍存在着幼稚和基础薄弱的问题。我国第一代世界史学者齐世荣教授,自1979年以来一直是学科带头人,他既了解我国史学界的过去,也了解现在。他认为我国的世界史

---

① 张象、黄若迟主编:《20世纪世界文化》,成都:四川人民出版社,1994年。

② 复旦大学的耿淡如先生和南开大学的黎国彬先生最先在国内开设外国史学史课,郭圣铭先生出版了第一部西方史学史,此后张广智、陈启能、于沛在这方面的著述较突出,见于沛:《当代中国世界历史学研究》(1949—2009),北京:中国社会科学出版社,2012年,第386—402页。

③ 参见于沛:《当代中国世界历史学研究》(1949—2009),北京:中国社会科学出版社,2012年,第409—410页。

④ 陈翰笙、靳文翰、朱庭光、张椿年、沈永兴等为此做了大量工作,参见于沛:《当代中国世界历史学研究》(1949—2009),北京:中国社会科学出版社,2012年,第114—119页。

⑤ 陈启能:《近年来中国的世界史研究的进展》,见张海鹏主编:《中国历史学30年(1978—2008)》,北京:中国社会科学出版社,2008年。

学"从总体上讲水平还不够高",还需要经过几十年的基本建设,才能进入真正的"发展时期"。① 这是实事求是的科学的估计与建议。

三、创新有中国特色的世界史教学与研究

我国的世界史学科尽管尚处于基本建设的形成期,但是新时代潮流的到来、国内外形势的发展、国际史学动态的挑战,都要求我们必须创新。怎样创新呢?笔者与众多同仁认为,可以从以下三个方面努力:

(一)在总结过去的基础上适应新时代的需求,加强"新历史"的教学与研究

1."新历史"从时间上来说是最近的历史,即世界现代史和当代史。我国的史学传统是由每个新兴的朝代来编纂前朝的历史,于今世界历史已进入21世纪,着重研究20世纪史,特别是其后半叶历史,是时代迫切的需求,同时,既然世界史研究的是人类社会从分散到整体的进程,那么对新的进展怎么能不加以关注呢?所以,加强现当代史的教学与研究是当代学者义不容辞的责任。

2."新历史"在地域方面要写新兴国家的历史。新兴的发展中国家和新兴的市场经济国家在20世纪涌现,并将在21世纪的

---

① 齐世荣:《我国世界史学科的发展历史及前景》,见《齐世荣史学文集》,北京:人民出版社,2002年,第359—360页。

历史舞台上发挥重要作用。如果我们当代历史学者不重视这些正在崛起的新历史角色的演变,那就不是一个有开阔历史视野的历史学家,充其量不过是个"说书匠"而已。发展中国家和新兴的市场经济国家主要集中在亚非拉和东欧、大洋洲等地区,对这些地区的研究一直是我国史学领域中的弱项,新时代浪潮的冲击要求我们必须将弱项变为强项。

3. "新历史"要注重研究发达国家新近发生了的新的历史进程。例如,18世纪末兴起于西欧、19世纪遍及欧美、20世纪波及亚洲的以工业化为主要内容的现代化(modernization)是人类社会的空前进步,但是从20世纪70年代起,以信息化为主要内容的后现代化与知识经济的兴起则是新的历史进程,它取代现代化后,使人类社会的生活更加丰富多彩。但在繁华世界的另一面,出现了诸多问题:金融危机取代经济危机,跨国公司取代垄断公司,曾作为工业化标志的汽车城底特律破产了,已取代"蓝领"的"白领"和中产阶层也走上街头开始抗议活动。这些新问题的出现,要求我们必须对后现代化的新历史进行探讨。工业现代化的历史固然是世界近现代史的重要研究课题,但作为现代化历史的转型——后现代化与信息化,则是时代的新课题。特别是在对欧美历史的研究中,这些问题的探讨十分重要。历史哲学家克罗齐说:"一切真历史都是当代史。"顺应新时代的要求,针对现实生活的需求去选择历史研究的课题,是我国史学改革的重要方向。

(二)世界史学科的创新要加强学科理论的研究

历史经验证明,伏尔泰和兰克对西方世界史学做出的划时代贡献,与他们在历史学理论上的突破是分不开的。现在西方学者的全球史研究热潮,也与本世纪新创的文化形态论相关。所以我们要创新世界史学,就必须高举马克思主义的理论旗帜。马克思主义的世界史学理论在 19 世纪中叶被提出,由于受到历史条件的限制,直到十月革命后,它才在苏联得到实践应用。但可惜苏联的史学家在实践应用中只重视社会形态的演变理论,对马克思主义的世界史理论贯彻并不全面,这也影响了我国和其他国家共产党的理论工作。因此,全面贯彻和学习马克思主义的世界史学理论还有大量的工作要做。比如,中国共产党人和其他国家的马克思主义者在革命过程与国际交往的实践中对社会发展规律的认识和国际斗争的战略策略原则都有许多的真知灼见,应把它们系统化、理论化,变成世界史学理论的一部分,特别是近期我国党与国家领导人提出"要构建人类命运共同体"的问题,这是世界史学工作者必须重视的一项新史论课题。

我国学者和其他国家的马克思主义学者在历史研究过程中,通过理论与历史实际的结合,对世界史规律的问题已经有了诸多新见解、新理论。英国哲学家柯林武德说:"一切历史都是思想史。"我们研究世界历史,如果没有一种正确的思想理念支撑,那么就很难有创新。

(三)要以全球视野进行综合研究,加强对中国的现实关怀

新世纪以来,国际历史科学界不断提倡要以全球视野研究历史,这是顺应世界全球化趋势的科学举措,2000 年在挪威奥斯陆举行的第 19 届国际历史学大会,其主题之一就是"全球史观"。2015 年在我国山东大学举行的第 22 届"概念和方法论"大会,其主题是"全球视野下的中国",这一题目既反映了中国人民的意

愿,又反映了国际史学界对中国史学界的期盼,得到了中国广大学者和中国国家领导人的赞赏。这也就是说,中国的世界史研究既要反映中国的现实需求,也要汲取世界的智慧,要从全球化的历史潮流中不断探索,寻找前进的方向。应当指出的是,改革开放以来,尽管我国的世界史教学与研究取得了诸多喜人的进展,但是也出现了一些需要弥补的问题。比如:

1. **关于加强马克思主义的学术指导问题**。由于我们要"补课",要交流,要借鉴国外的研究成果,因此大量翻译和引进西方学者的理论和专著是必要的。但同时,也有一些学者,特别是青年学者忽视了对马克思主义理论的学习和运用,这是不应该的。

2. **关于国别史研究"只见树木,不见森林"的问题**。现阶段我国世界史研究对国别史的"细节"研究胜过了"总画面"的综合性研究,这样会导致"只见树木,不见森林"的后果。

3. **关于学术研究论著中使用材料的问题**。国内许多学术论文和专著多使用国外学者的二手材料,而由我们自己调查研究得到的一手材料和建立的数据库却十分罕见。

4. **关于学科体制评估措施的改进问题**。一些学科薄弱领域和待开发的新领域需要扶植,学科体制评估措施需要改进,同时也需要克服不严不实的问题和只重视收获、不重视播种的倾向。

(四)迎接中国特色的世界史研究步入新阶段

世界史学科的发展与国内外形势的发展有关,也与学科理论的进步有关。2017年中共"十九大"宣布中国特色的社会主义事业进入新时代。中国已经成为世界第二经济大国,步入了世界中心。中国提出的"构建人类命运共同体"的方略和创建"一带一路"的新战略,必然会推动有中国特色的世界史教学和研究步入新的阶段。历史告诉我们,没有繁荣的社会科学的国家是不可能走在世界前列的。作为世界史研究学者,我们必须更加努力,为祖国、为人民做出应有的贡献。

世界上古史概要与学科发展概况

李长林

一、世界上古史的基本内容与分期

原始社会史是人类文明史的序曲,也是世界上古史的第一阶段。作为人类发展的第一个社会形态,原始社会是世界各民族都必经的一个最漫长的阶段。

大约300万年前,由于自然条件的变化,在世界的一些地区类人猿的一支经过长期的进化转变成人类,从此有了原始社会史。在原始社会早期,由于社会生产力水平极端低下,人们只能依靠集体的力量同自然界斗争才能取得生活资料从而生存下来,因此,这一时期的财产是共有的,人们共同劳动,共同分享成果,没有私有制,没有阶级,也没有国家。不过这种公有制是在以血缘关系为纽带的社会团体内实现的,它与文明社会的公有制有着极大的不同。所谓原始共产主义生活,实际上是有了成果共同分享,没有成果时共同挨饿,时饥时饱,不像某些浪漫主义者描述的那么美好。

原始社会的最初阶段,人类使用的是简单打制的石器,过着采集和渔猎的生活,成群而居,游荡不定。这种群体即"原始人群",后来演变为"血缘家族",继之又演变为"氏族公社"。氏族公社分为母系氏族和父系氏族两个时期,都是以血缘关系为纽带结合在一起的。在母系氏族公社全盛时期,生产工具已经由简单打制的旧石器时代进入磨制的新石器时代。在这一时期,人类完成了两项重大的变革:一是由狩猎动物过渡到驯养动物,二是由采集植物过渡到栽培植物。由采集植物过渡到栽培植物的变革,其意义尤为重大,被人们称为"农业革命",人类由此进入靠自身活动增加天然产物的时期,开始过上了定居生活,并且人口不断地增长。到父系氏族公社时期,即原始社会晚期,随着社会生产力的发展、社会分工的出现和个体劳动生产率的提高,个体劳动逐渐取代了集体劳动。劳动成果开始为个人所占有,进而发展到生产资料也为个人所占有。

随着私有制的出现,社会又产生了阶级分化。面对私有制和阶级分化及由此而产生的阶级斗争,氏族部落的权力组织开始变得无能为力。这时氏族贵族为了使自己的财产和特权在阶级斗争中不受损害,便需要一种表面上凌驾于社会之上的力量,这种力量应当通过强制的手段缓和社会冲突,把各种矛盾控制在秩序允许的范围内,以便巩固阶级统治。这种特殊的力量,就是国家。国家是阶级统治的工具,它又具有社会管理的职能。私有制、阶级和国家的产生宣告了原始社会的解体,从此进入上古文明社会。

上古文明史的上限大致为公元前4000年代,下限为公元5至7世纪,可以分为三个阶段:

(一)初期:五大文明中心的形成(公元前4000年代中期至公元前2000年代中期)

世界各地进入上古文明时代的时间先后不一。公元前4000年代中期,首先产生了两河流域的苏美尔文明(公元前3500年)和尼罗河流域的埃及文明(公元前3500年),一千年以后又相继产生了印度河流域文明(公元前2500年)、中国的黄河流域文明(公元前2070年)和爱琴文明(公元前2000年)。这些文明被称为五大文明中心,它们恰似黎明时的晨星,稀疏地分布着,而它们周围的众多部落仍处于蒙昧或野蛮阶段。

(二)中期:文明的扩展与变迁(公元前2000年代中期至公元3世纪)

公元前2000年代中期以后,中国文明从黄河流域扩展到长江流域,印度文明也已经扩展到恒河流域。在近东,亚述(公元前2500年)、赫梯(公元前17世纪)以及腓尼基(公元前2000年代初)、巴勒斯坦(公元2000年代末)相继进入上古文明社会,成为了新的文明地区。

公元前2000年代末,居于希腊北部的多利安人南下灭亡了迈锡尼文明。到了公元前8—公元前6世纪,多利安人以及希腊半岛各地的原始部落由氏族社会过渡到文明社会,建立了斯巴达、雅典等城邦,大约与此同时,意大利北部兴起了罗马城邦。公元前6世纪,近东又发生了新的变化。在伊朗高原兴起的波斯,几经征战占领了两河流域、小亚、中亚、印度西北部以及埃及,形成了版图辽阔的大帝国。波斯的首都虽在东部的苏萨,但其经济、文化中心仍在两河流域。与此同时,希腊城邦在进入铁器时代并吸收东方文明的基础上,后来居上,在世界文明的舞台上崛起。以雅典为首的希腊城邦在经过与波斯帝国的军事较量(希波战争)后,终于成为了地中海世界和近东历史发展的中心,后来它又进入"希腊化"时代,与近东文化有了进一步的交流。

公元前6—公元1世纪,崛起于意大利半岛的罗马城邦在统一了意大利半岛之后,经过布匿战争雄踞于西地中海,继而又向东地中海扩张,终于成为了地跨欧、亚、非三洲的大帝国,从而取代希腊成为地中海区域历史发展的中心。罗马帝国全盛时期,其领土范围(即文明所及的地区)东起幼发拉底河,西抵不列颠,南到北非,北至多瑙河流域。公元1—3世纪,与罗马帝国并存的还有三大帝国,即安息、贵霜和东汉。上列四大帝国作为各地区的文明中心,大约分布在北纬200—500之间的一条弧形地带上。

(三)后期:几大帝国的动荡和分裂(公元3—7世纪)

公元3世纪以后,罗马帝国境内奴隶制衰落、隶农制流行,人民反抗运动持续爆发,原有的版图不仅不能保持,而且不断为"蛮族"所突破。公元395年,罗马帝国分裂成东、西两部分。公元476年,在日耳曼人的冲击和人民起义的双重打击下,西罗马帝国灭亡。西罗马帝国灭亡后,西欧地区逐渐出现了一些蛮族国家。在这一时期,中国的东汉帝国开始走向衰落,继而出现了南北朝分裂的状态。印度河流域的伊朗此期的政局也是动荡不已,公元7世纪,经历长期动乱后的萨珊王朝被阿拉伯人所征服。由于嚈哒人的不断侵扰,印度的笈多帝国逐渐瓦解,到公元7世纪进入分裂状态。

二、上古时代世界各地的横向联系

马克思主义的世界历史观特别注重阐明各地区从原始孤立、分散的状态逐渐走向互相联系的横向发展过程。世界各地的横向联系与世界史的纵向发展过程是相互促进,相互交叉的。

(一)原始社会人类的交往

原始社会初期,生产力发展水平极端的低下,人类的活动范围主要局限于东非和南非一些地区。到了直立人阶段,随着地理和气候条件的变化,人类为了寻找新的获取食物的场所,开始了大规模的迁徙,活动的范围逐渐扩展到亚欧大陆的广大地区,我国发现的元谋猿人、蓝田猿人、北京猿人,欧洲发现的尼安德特人和克罗马农人等便是明证。到了旧石器向新石器过渡的时期,人类迁徙的范围进一步扩大了,一部分从亚洲的东北部经白令海峡进入美洲,一部分从中国的华南地区经东南亚进入澳大利亚。人类完成这一迁徙过程,大概花费了两百多万年的时间,历尽了艰难险阻,不得不说,这是人类历史上的伟大壮举。在迁徙过程中,原始生产技术、社会组织以及萌芽的科学知识得到了交流。

(二)农耕世界和游牧世界的形成

在新石器时代,人类发明了原始的农耕和畜牧业。世界上最早的农耕中心,有西亚、东亚和东南亚、中南美三个地区。这三个中心地区各具特色:西亚的美索不达米亚,种植大小麦;东亚和东南亚,种植水稻,中国还种植小米;中南美的墨西哥,最早种植了玉米。

就亚欧大陆而言,经历了几千年的发展之后,中国由黄河到长江,印度由印度河至恒河,西亚、中亚由安纳托利亚至伊朗、阿富汗,欧洲由地中海至波罗的海、由不列颠至乌克兰,还有与亚欧大陆毗连的地中海南岸,都先后成为了农耕地带。这个地带绵亘于亚欧大陆两端之间,形成一个偏南的长弧形,史学界称此长弧形地带为亚欧大陆的农耕世界。

人类最初发明农业的时候,农耕和畜牧往往是结合在一起的,后来由于各地区自然条件的不同,人类逐渐沿着两条不同的道路发展。雨量充沛、灌溉方便、土壤肥沃的地带,逐渐走上了以农耕为主的道路,形成了农耕世界;雨量较少但草原辽阔的地带,走上了以游牧为主的道路,形成了游牧世界。在亚欧大陆上,农耕世界的地理位置基本偏南,而游牧世界基本偏北。亚欧大陆的游牧世界东起西伯利亚,经中国的东北地区、蒙古、中亚、咸海与里海以北、高加索、南俄罗斯、直到欧洲中部,与农耕世界基本平行。两个世界之间是连绵的山脉,农耕世界的生产力发展较快,较早地诞生了文明。

(三)上古文明时代农耕世界之间的交往

早在公元前 3000 年代初期,以农耕为主的各文明地区之间就发生了经济文化上的联系,出现了连接各地区的商道。陆路主要是以两河流域的南部为中心,向西经叙利亚到东地中海沿岸的一些城市,再经巴勒斯坦到埃及,向东到达伊朗高原。海路主要是由地中海东岸,经塞浦路斯抵达克里特和埃及,或经红海到埃及和蓬特(位于今索马里)。但这一时期还处在金石器并用的时代,青铜器才刚刚被使用,商品生产和交通尚未发达,因此商业的往来仅限于内陆相邻的国家和地区之间,并且也并不经常发生。除了商业往来之外,战争也是各国、各地区之间的一种交往形式。起初是各城市、各国家之间为了扩张土地、占领水源、掠夺人口进行的兼并战争,兼并的结果形成了较大地区的统一王国。后来是王国对邻近地区旨在夺取奴隶、财富和矿藏的掠夺战争,这种掠夺战争客观上促进了各地区的经济和文化的交流。

公元前2000年代,上古文明进入青铜器全盛时期,新的金属工具的使用大大提高了农业和手工业的劳动生产率,促进了商业的发展。在对外贸易上,西亚、北非和东地中海之间的商业往来更加频繁。公元前1000年代,上古文明进入铁器普遍使用的时代,出现了领土广大的军事帝国,欧亚大陆各地区的交往进入了新时期。横跨欧亚非的波斯帝国,大修驿道,促进了各地区的交往。随着地区间中介贸易的发展,出现了航海殖民活动。腓尼基人的殖民活动主要活跃在西地中海,后起的希腊殖民活动则主要活跃在东地中海。

这一时期,欧亚大陆各地区的交往有了新的发展。在亚历山大东征以前,主要是由东向西,最远到达不列颠。腓尼基、巴勒斯坦和小亚细亚沿海地区是当时东西方经济文化交流的桥梁。在亚历山大东征以后,由于他实施东方化政策,把大批希腊商人、工匠、学者引向东方,再加上希腊连年战乱和城邦危机的加深,希腊的经济文化重心逐渐东移。所谓希腊化时代,实际上是东西方文明融合的时代。这时,旧的商业和文化中心城市,如腓尼基、巴比伦、雅典等都衰落了,替代它们的是新兴的希腊化城市,如亚历山大里亚、安条克、塞琉西亚等。亚历山大里亚最为活跃,它不仅与整个地中海地区进行频繁的贸易,而且从印度和中国引进了包括丝绸、香料、象牙、珍珠等在内的各种商品。

这一时期,罗马帝国处于全盛时期。罗马帝国的版图辽阔,包括现在的葡萄牙、西班牙、法国、比利时、荷兰、英格兰、苏格兰、德国、瑞士、意大利、奥地利、保加利亚、小亚细亚、叙利亚、希腊、巴勒斯坦、埃及、突尼斯、阿尔及利亚、摩洛哥等国家和地区,东西约 3000 千米,南北约 1000 千米,所辖人口约 5400 万。帝国境内交通方便,道路遍布,其中主要道路有 372 条,可谓"条条大路通罗马"。罗马帝国的建立,不仅为地中海地区经济、社会、文化的交流提供了条件,而且促进了所辖地区文明的发展。

公元前 2 世纪,上古文明世界的横向交往进一步得到了加强。丝绸之路的开辟在上古文明世界横向交往过程中发挥了关键性的作用。丝绸之路是指从中国长安出发,横贯中亚,进而连接欧洲、非洲的陆路通道。丝绸之路从中国的长安到叙利亚,全程大约 7000 千米,以大夏(今阿富汗的北部)为中转站,分为东西两段,其中西段经波斯帝国与希腊化国家的开拓,已初具规模,东段不仅地理形势险要,而且当地政治形势也不稳定,开辟任务十分艰巨。在民间间接交往的基础上,张骞在公元前 139—126 年、公元前 119—115 年先后两次出使西域,历尽艰难险阻,终于完成了开辟丝绸之路东段的任务。到东汉时期,班超继续经营西域,使丝绸之路更加畅通,后来罗马帝国派遣商业使臣从红海出发经印度到越南来华,从而开始了中国与罗马的海上交通。

(四)游牧部落的迁移及其对农耕世界的冲击

在上古时期,农耕世界遭受到游牧部落两次大规模的冲击。

第一次冲击开始于公元前3000年代,断断续续的延至公元前1000年代。这次冲击主要来自操塞姆语和操印欧语的游牧部落。操塞姆语的游牧部落有许多分支,他们原居于阿拉伯半岛,其中的阿卡德人和阿摩利人先后进入两河流域的南部,建立了阿卡德王国和古巴比伦王国;亚述人进入两河流域北部与当地胡里特人结合,建立起亚述国家;而迦南人则建立了腓尼基各城市国家,并成为巴勒斯坦的最早居民。公元前17世纪,塞姆人的一支希克索斯人由西亚经巴勒斯坦侵入埃及。操印欧语的游牧部落也有许多分支,他们原居于黑海和里海北部,他们中的一部分移入小亚细亚,建立了赫梯国家,另一部分则迁入马其顿一带。阿卡亚人后来向中希腊和南希腊迁徙,建立起迈锡尼文明;雅利安人一部分从多瑙河沿岸进入意大利,一部分占领了中亚的阿姆河流域,一部分后来进一步南下,其中的一支进入伊朗高原,繁衍为米底人和波斯人,另一支进入印度河流域。多利安人则从北希腊南下,灭亡了迈锡尼文明。这次游牧部落对农耕世界的冲击,改变了西亚、埃及、印度、希腊的政治格局。游牧部落带去的马和战车以及冶铁术等,一方面促进了各地区社会经济的发展,加强了各地区间的经济文化交流;另一方面由于新的兵种,如骑兵、战车兵的出现,使多兵种协同作战、远距离奔袭成为可能,从而为地域辽阔的大帝国的建立提供了条件。游牧部落大举迁徙侵入农耕世界,也使得这些部落接受农耕文明的洗礼,定居下来,从而扩大了农耕世界的范围,并给农耕世界注入新的因素。

游牧部落对农耕世界的第二次大规模冲击浪潮发生于公元2—3世纪,延续至7世纪。这次冲击最初由匈奴人和突厥人发动,后来进入中国中原地区的除匈奴人外,还有鲜卑、羯、氐、羌等族人,他们摧毁了西晋帝国。在亚洲中部,被匈奴人赶走的大月氏人的一部分在阿姆河流域建立贵霜国家,后来扩展至印度。还有一支匈奴人和大月氏人的混合种嚈哒人(又称白匈奴),约在公元 5 世纪初由中亚南下,到 5 世纪后期占有伊朗东部和西部的大部分地区,迫使一度强势的印度笈多王朝勉强维持残局,直到 6 世纪中叶,白匈奴才结束了对印度的冲击,退入克什米尔。在亚欧大陆西部的罗马帝国受到的冲击最为强烈,不仅有匈奴人,还有斯拉夫人和日耳曼人等。日耳曼人的入侵导致西罗马帝国的灭亡,日耳曼人在其废墟上建立了新的国家。公元 7 世纪,游牧的阿拉伯人冲入农耕世界,建立起地跨亚、非、欧三洲的阿拉伯帝国,创造了伊斯兰文明。

综上所述,在上古时期,各地区、各国家、各民族横向联系逐渐在加强,一再冲破闭塞的状态。但对于上古时期的横向联系,不能估计过高。由于这一时期的交通完全是靠人力、畜力和自然力,十分的落后,加之这一时期的商品经济不够发达,各国、各地区之间相对闭塞的状态依然存在。这一时期的横向交往主要限于亚欧大陆和北非部分地区,并且不够密切。撒哈拉沙漠以南的非洲地区与外界的联系还很少,而美洲中部和南部阿兹克特人和印加人的国家则完全处于与世隔绝的状态。

三、上古时代世界先进地区的社会特点

(一)血缘关系的残存

上古文明社会脱胎于原始社会,必然在某些社会关系中由原

始社会的残存。在原始社会,人类按照血缘关系结合在一起,氏族部落皆为血缘团体。从理论上说,国家异于氏族部落的特征之一,即为地域组织取代血缘组织。但在实际历史过程中,早期的国家常是血缘与地域组织并存,处于过渡状态。

在上古的东方国家,血缘关系的残存很普遍。古巴比伦的《汉谟拉比法典》第 24 条就规定公社或长老应向被害人的亲族进行赔偿。赫梯颁布的《德列平继承法》第 29 条就提到氏族成员在政治生活中的作用。古印度的《阿帕斯檀跋法经》在关于财产继承的条例中提到死者如没有儿子则将遗产分与近亲。至于中国上古时期的宗法制更与血缘关系相关联。

在希腊与罗马上古社会中,血缘关系长时期在政治领域发挥作用。公元前 509 年雅典的克里斯梯尼改革,五百人会议对公职候选人进行资格审查提问,首先询问的是:父亲是谁,父亲的父亲是谁,母亲是谁,母亲的父亲是谁,以及祖先的坟墓所在。到了公元前 451 年,这种按血统授予公民权的制度仍在运行。由于公民人数的大量增加,颁布了公民权法,规定只有父母双方均为雅典血统的人才能取得公民权。这个公民权法在亚里士多德生活的时代仍在施行。雅典直到公元前 4 世纪被马其顿征服之时,从它的阶级等级结构来看,仍未完成从血缘到地缘的过渡。

在罗马,公元前 450 年颁布的《十二铜表法》第 5 表第 4 条规定:如果死者生前未立遗嘱,也没有当然继承人,则最亲近的父方的男性亲人将可获得死者的财产。第 5 条规定:如果没有父方的男性亲人,其族人(gens)将可获得其财产。这些规定反映了血缘关系在财产继承上发挥了重要作用。据李维《建城以来史》记载:公元前 477 年罗马进攻维爱时,非比阿氏族共男丁 306 人,除一婴孩留在家外,全部出征,结果全部阵亡了。可见这一时期,罗马的氏族仍然存在,并在军事活动中起着重要作用。罗马帝国在公元212年,皇帝卡拉卡拉颁布普遍授予公民权之后,才进一步消除血缘关系在政治生活中的影响,但直到5世纪,罗马才最终完成从血缘到地缘的过渡。

血缘关系在上古文明社会的残存,使得社会关系复杂化,同时又加剧了社会的封闭性与排他性。以血缘关系划分亲疏的界限,对外族奴隶制的产生也有一定的影响。

(二)等级制的盛行

在上古国家中,普遍存在着各种各样的等级制度。等级和阶级的关系错综复杂。阶级是与特定的生产关系相联系的、在经济上处于不同地位的社会集团或人群共同体,是以剥削劳动者为特征的,属于经济范畴;而等级则是指在社会分工和劳动组织中人们所处的地位序列,是以权利和义务关系为特征的,属于社会和政治范畴。这两者既有联系又有区别,阶级和等级制度在本质上都反映了阶级社会的不平等关系。

在上古国家中等级和阶级结构犬牙交错,混在一起,形成了纷繁复杂的社会结构体系。往往是在一个阶级中,包含着几个不同的等级,一个等级中掺和着几个不同的阶级;也可能是同一阶级的分子属于不同的等级,同一等级的成员归属于不同的阶级。尽管等级和阶级的构成不尽一致,但在上古国家中,几乎到处都可以发现高等级结合构成剥削阶级,而低等级则沦为被剥削阶级。前者居统治地位享受种种特权,而后者地位低下生活困苦,只有有限的权利或处于完全无权的状态。所以,上古国家的等级具有阶级属性,是阶级的特殊表现形式,等级问题归根到底是阶级问题,等级制度巩固了阶级统治。自由民与奴隶、平民与贵族、高级等级与低级等级之间错综复杂的关系和他们之间长期的斗争是上古时期阶级斗争的反映。

由于各个地区或国家历史条件和社会结构的不同,其等级制度的根源和结构特征也有所区别,造成了上古社会等级制度的多样性。印度的种姓制度是最典型、最森严的等级制度,它源于世袭社会的社会分工和财产的不同占有,逐渐形成婆罗门、刹帝利、吠舍和首陀罗四个等级。它具有制度森严、结构稳固、具有封闭性、高等级享受特权和等级身份世袭继承的特点。在西亚地区,社会分工和财产分化造就了古巴比伦的阿维鲁、穆什钦努、奴隶这三个等级。在赫梯帝国,国王和他的家族成员构成了第一等级;王室其他贵族成员,将军、大祭司、书吏和地方最高统治者构成了第二等级;低级的官吏构成了第三等级;一般自由民构成了第四等级;奴隶则属于第五等级。到公元 5 世纪,古代伊朗的种姓制形成并确立了四个种姓:祭司、武士、文士、农夫。在上古中国,存在有宗法等级制。在罗马共和国时期,始终存在着贵族和平民两大等级。

(三)社会经济以农为本

在上古农耕世界,农业是起决定性的生产部门,土地是人们追求的主要财富。这一时期的工商业主要依赖农业的发展而存在,手工业使用的原料来自农业的剩余产品。许多手工业者本身就是农民,他们亦农亦工,以农为主,手工业为辅,手工业活动只是他们谋取额外收入的一种手段。商人所贩运的大多数是各地农业上的土特产品,以满足日常生活的需要。这些情况,对古代东方国家自不待言,就是希腊号称工商业发达的一些城邦,也是如此。从它们的社会经济结构来看,农业是社会经济的支柱,社会人口的绝大多数所从事的都是与农业相关的生产。决定人们社会政治地位的是农业领域的土地所有权,而不是手工业和商业。这是一种以农业为主,手工业和商业为辅的共生性经济。上古罗马也号称以农立国,罗马人从来不以商业和工业为主要营生。争取土地所有权,构成了罗马共和国时期平民反对贵族斗争的焦点。罗马共和国后期,解决公民失去土地这一严重问题的办法,采用的是将土地分配给退役老兵的方式。

(四)宗教和文化为世界文明奠基

上古时代的宗教经历前后两个时期的发展。前期(公元前4000年代初至公元前2000年代初):这一时期,中国殷商的宗教以崇拜天帝为主,埃及、巴比伦、赫梯、迦南、腓尼基的宗教、印度吠陀宗教以及波斯的宗教则大部分是由原始宗教演化而来,保持着对自然物的崇拜,有些自然神被赋予了社会属性,出现了掌握社会职能的管理神。后期(公元前1000代末至公元1000年代):这一时期,在世界上几个文明地区出现了一批比较稳定的宗教,即印度的婆罗门教、耆那教、佛教、波斯的琐罗亚斯德教、巴勒斯坦的犹太教、希腊罗马的多神崇拜等。后来又出现了基督教、中国的道教、印度教、摩尼教以及伊斯兰教等。这些宗教大都与上古前期的宗教有着历史的渊源,在教仪、礼仪和组织形式等方面都较前一时期完备,有些宗教还制定了经典。上述宗教大都流传后世,并有着重要的影响。其中有的宗教,开始时是植根于下层群众的宗教,后来被统治阶级利用,转变为统治阶级上层的宗教,基督教就是明显的一例;有的宗教开始时属于本民族、本地区或本国,但随着国际交往的日益发展,宗教视野不断扩大并且能够关注全人类的问题,从而成为世界性的宗教。所谓世界三大宗教,即基督教、佛教和伊斯兰教,它们是一种超越种族、语言、政治诸因素的宗教信仰。

上古时期的文化成就灿烂辉煌,照亮了人类发展进步的道路。在上古文明时代,许多地区都发明了影响深远的文字。上古中国的甲骨文是汉字的早期形式,日本、朝鲜以及东南亚某些国家都模仿汉字创造了自己的文字。上古埃及的象形文字已经出现了表音符号,包括 24 个辅音字符,后来腓尼基人在这些字符的基础上创造了 22 个字母,希腊字母和阿拉米亚字母也来源于此。希腊字母被传授给罗马人,由此产生了拉丁文,为后世欧洲多种文字的产生奠定了基础。苏美尔人发明的楔形文字在西亚广泛传播,成为各国交往中使用的文字。早在哈拉巴文化时期,上古印度就出现了印章文字。到了孔雀王朝阿育王时期,又出现了婆罗谜文字,公元 7 世纪,婆罗谜文字演变为近代印度文字的原型——梵文。

在上古时代,各国都产生了流传后世的文学艺术作品。中国的诗歌总集《诗经》具有强烈的思想性,充满了现实主义精神,对后世文学产生了深远的影响。埃及和巴比伦也有著名的诗歌,埃及以《太阳神颂》《尼罗河颂》为代表,巴比伦以《吉尔迦美什》为代表;在印度则有史诗《摩诃婆罗多》《拉马耶那》和诗歌《吠陀本集》。这些作品也以反映现实的思想内容著称于世。在古希腊,以人为本的文学作品得到了充分的发展,这表现在《荷马史诗》

《伊索寓言》和悲剧、喜剧诸多作品中。古罗马文学继承了古希腊文学的杰出成就,并使其影响更加深远。

在造型艺术方面,上古各国也是硕果累累。古埃及的金字塔以庄严、雄伟的风格著称于世,古巴比伦的寺塔以圆顶、穹隆的建筑结构流传后世。古印度的佛教艺术和犍陀罗艺术则是上古东西方文化交流的产物。古中国的造型艺术也十分发达,秦始皇陵可与埃及的金字塔相媲美,而秦代的长城、兵马俑则为世界各国所罕见。古希腊、罗马的造型艺术别具一格,并给人以永恒的魅力。古希腊的神庙对神的崇拜体现了对人的赞颂,而它的列柱式建筑形式流传于近代各国。希腊的人体雕塑表现的是人体的健美,且在这方面成就非凡。古罗马出现了更加雄伟的、以人为本的神庙公共建筑,这反映了古罗马国势的强盛。

在史学成就方面,上古文明世界东西方交相辉映,在中国有孔子的《春秋》、司马迁的《史记》和班固的《汉书》,在希腊有希罗多德的《历史》和修昔底德的《伯罗奔尼撒战争史》,它们都是不朽的史学名著。在哲学研究方面,上古文明世界也是东西方交相辉映,在中国春秋时代和印度列国时代有百家争鸣,在希腊则是各种流派的兴起,这都反映了人类对客观世界认识的加深和思维能力的提高。在科学技术方面,如天文学、数学、物理学、医学诸领域,上古各国也为后世留下了丰富的遗产。

在考察上古文化成就的同时,我们要注意到在世界文化史上的传承关系,古代东方各国的文化为希腊罗马文化的发展提供了重要的条件,而希腊罗马的文化又为后世的欧洲文化奠定了基础。

四、世界上古史学科发展概况

世界上古史作为一门学科形成于19世纪,标志性著作是德国史学家爱德华·迈尔(1855—1930)撰写的5卷本《古代史》。在书中,迈尔整合了当时的学者对上古史的研究成果,并第一次将世界上古史作为专门学问进行全面阐述。在此前在漫长的时期里,史学家记述的都是片面的、一个地区或一个国家的当代史。中世纪的基督教神学历史学家将上古史视为异教的历史而不屑一顾。到了文艺复兴时期,人们开始用古典文明挣脱神学的束缚。19世纪,历史学家与考古学家、古文字学家、古文献学家联手创建了埃及学、亚述学、印度学、中国学及史前史等学科,这为世界上古史学科的创建提供了条件。此一时期,兰克学派对世界历史的综合研究,也促进了断代史学科的发展。进入20世纪,英国学者伯里等人主编17卷本《剑桥古代史》(1928—1932)的陆续出版,表明世界上古史学科已经成熟了。此后,在上古史领域中又兴起了赫梯学、迈锡尼学、圣经学等分支。资料的丰富使世界上古史得到进一步的发展。在欧美各大学里都开设专门的课程,使上古史的教学与研究日新月异地发展起来。

自19世纪末开始,中国学者编译了一些包括上古史在内的外国史书籍。到20世纪20年代以后,一些学者对世界上古史展开了初步研究。陈衡哲《西洋史》(商务印书馆,1924年)的第一编即为上古史,胡适称赞这部著作是中国学者"精心著述的第一部西洋史"。阎宗临《李维史学研究》[①]一文对古罗马史学家李维的成就进行了全面系统的探讨和公允的评价,这在我国尚属首创。周谷城《世界通史》(商务印书馆,1949年)的第1册为世界上古史,该书运用整体史观,打破了欧洲中心论。

世界上古史作为断代史独立学科出现是在1949年新中国成立以后。这一时期,高等院校设置了世界上古史课程,积极引进苏联学者的论著。中国学者也对世界上古史展开了研究,出版了一些著作,如童书业的《古代东方史纲要》、吴于廑的《古代希腊和罗马》、林志纯主编的《古代世界史》、齐思和主编的《世界通史·上古部分》和雷海宗的《世界上古史讲义》等。这一时期发表论文近30篇,都力图运用历史唯物主义理论分析问题。这一时期还翻译出版了一批古典史学名著,编辑出版了资料选辑。

1978年以后,改革开放的形势使世界上古史学科建设取得了更大的成绩:成立了全国性的研究会和专门的研究机构;先后建立了古典学、亚述学、埃及学和赫梯学分支学科;创办了专业刊物《古代文明》;一批年轻人才加入了专业队伍;在积极引进西方史学名著和西方学者研究成果的同时,也摆脱了以往教条主义的束缚。出版了一批专业著作,如林志纯主编的《世界上古史纲》《古代城邦史研究》,林志纯的《中西古典文明千年史》《中西古典学引论》,胡庆钧、廖学盛主编的《早期奴隶制社会比较研究》,胡钟达的《史学论文集》,施治生、刘欣如主编的《古代王权与专制主义》,施治生、郭方主编的《古代民主和共和制度》,施治生、徐建新主编的《古代国家的等级制度》,崔连仲主编的《世界通史·古代

---

① 阎宗临:《李维史学研究》,《国立桂林师范学院丛刊(创刊号)》1946年。

史卷》,刘家和、王敦书主编的《世界史·古代史编》等。此外,还发表了一大批论文。① 需要指出的是,这一时期在取得了重大成就的同时也有一些问题需要改进:一是各个分支学科的发展并不平衡,原始社会史、上古东方史的研究相对薄弱;二是史料建设和语言工具的掌握明显不足;三是对现实生活提出的问题回应不够;四是跨学科的研究尚未充分展开。

五、上古史的学术论争与有待研究问题

(一)上古文明史研究中的两个学术问题论争

我国学者在上古文明史的研究中关于"奴隶制社会是否是人类社会的必经阶段"和"城邦是否是上古国家发展过程中普遍经历的阶段"这两个问题的论争颇有学术价值和理论意义。

1. 关于奴隶制社会是否是人类社会必经阶段的论争

马克思和恩格斯在世时,曾对人类社会的社会经济形态进行过研究,20世纪30年代,有学者把马恩列斯的有关论述归结为五种社会经济形态,②即原始社会、奴隶社会、封建社会、资本主义社会、共产主义社会,但在这一理论链条中,奴隶社会经济形态的普遍性一直受到怀疑,有的学者认为它不是人类社会发展过程中的必经阶段。在中国,早在20世纪20—30年代中国社会史论

---

① 有关学术进展可参阅:中国世界古代史研究网:http://www.cawhi.com/。

② 关于对这五种社会形态说的理解,详见胡庆钧、廖学盛主编的《早期奴隶制社会比较研究》一书。

战中就涉及了这个问题,新中国成立后,围绕中国古代史分期的问题又对这一问题进行了讨论。主张五种社会经济形态的主要依据是马克思在《政治经济学批判》序言中所说的一段话:"大体说来,亚细亚的、古代的、封建的和现代资产阶级的生产方式可看作是经济的社会形态演进的几个时代。"① 有的学者把"亚细亚的"理解为原始社会,把"古代的"理解为奴隶制社会,接着的是封建社会和资本主义社会。恩格斯在《家庭私有制和国家的起源》中也指出:"奴隶制是古代世界所固有的第一个剥削形式,继之而来的是中世纪的农奴制和近代的雇佣劳动制,这就是文明时代的三大时期所特有的三大奴役形式。"② 1919年,列宁在《论国家》中也肯定了奴隶制是整个文明世界所必须经历的社会发展阶段。③

20世纪50年代,雷海宗先生对奴隶社会必经论提出了质疑。他认为从原始社会末期到资本主义社会,一直存在有奴隶制,其只有在特殊的条件下才可以得到特殊的发展。世界历史上并没有一个奴隶社会阶段,雅典和罗马奴隶制短期的特殊发展,只能视为封建社会的变种发展。④

1978年以来对奴隶社会必经说提出质疑的较具代表性的学者是胡钟达先生,他在《试论亚细亚生产方式兼评五种生产方式说》一文中考察了奴隶制的联系和区别,指出两者并非前后相继的社会经济形态,而是因条件不同可以并存的社会经济形态,是在广义上可归于封建社会范畴的同一社会经济形态的不同类型

---

① 《马克思恩格斯选集》第2卷,北京:人民出版社,1995年,第33页。
② 《马克思恩格斯选集》第4卷,北京:人民出版社,1995年,第176页。
③ 《列宁选集》第4卷,北京:人民出版社,1995年,第28—29页。
④ 雷海宗:《世界史分期与上古史中的一些问题》,《历史教学》1957年第7期。

或模式。① 胡先生在《再评五种生产方式说》②一文中指出：马克思和恩格斯都不曾断定古代社会是奴隶制社会，原始社会向阶级社会过渡时，可以同时出现奴隶制和农奴制。马克思提出的亚细亚的、古代的、封建的生产方式所代表的是同一社会发展阶段三种不同的社会经济形态，这三种社会经济形态在生产力发展水平上，在社会劳动分工的程度上，在劳动者的人身隶属关系、被剥削的方式上，都只有量的差别，而无本质上的不同。胡先生还对有的学者坚持奴隶社会存在的理由发表了不同的意见。他特别探讨了黑劳士（希洛特）的问题，认为黑劳士是农奴，而并非像必经说学者断定的那样，是奴隶。他引述了马克思和恩格斯的多处论述，特别引述了恩格斯在《家庭、私有制和国家的起源》中把黑劳士称为农奴的论述，③指出马克思和恩格斯的这些论述表明了农奴制即使是在古代其覆盖面也是相当大的。

进入新世纪以来，郭小凌在《古代世界的奴隶制与近现代人的诠释》一文中对这个论题进行了全面的梳理和评析，④他强调指出：奴隶制社会普遍说是一个地道的西方观念，是西方人的历史经验作用于西方一些思想家头脑之后所产生的一种由局部经验归纳并演绎出的科学假说。此文最后将马克思、恩格斯关于奴隶制社会普遍性的观点赋予绝对意义，是近现代马克思主义者对马克思、恩格斯思想的错误诠释。

---

① 胡钟达：《试论亚细亚生产方式兼评五种生产方式说》，《内蒙古大学学报·哲学社会科学版》1982年第2期。
② 胡钟达：《再评五种生产方式说》，《历史研究》1986年第1期。
③ 《马克思恩格斯选集》第4卷，北京：人民出版社，1995年，第59页。
④ 郭小凌：《古代世界的奴隶制与近现代人的诠释》，《世界历史》1999年第6期。

在争论中，也有一些学者坚持必经说，其中廖学盛致力甚勤。他认为农奴是封建制国家内依附于占有主要生产资料（即土地）上的封建主的个体劳动者，不应该把从事农业生产并且同主人分居的奴隶称为农奴。农奴对封建主的依附根源于封建主占有从事农业生产最重要的生产资料（即土地），而且封建制国家极力维护封建主的特权。封建制国家不承认农奴是其臣民，而将其视为奴隶主私人的财产。这种法权方面的重大差别，是历史长期演变的结果，离开了对产生这种差别的历史环境的理解，就容易被一些表面现象所迷惑。① 廖学盛认为从没有剥削压迫的原始社会瓦解的进程来看，最早的剥削关系只能建立在血缘部落的内外区分上，单是这一因素就决定了最早的被剥削者只能是失去人身自由的奴隶，而决不能是国家中对大土地占有者具有人身依附关系的农奴。他强调，在整个社会结构的变化过程中，除了生产力因素具有决定性意义外，与之相适应的基于血缘区分的氏族部落内外有别的这种社会经济结构，以及维护这种结构的意识形态也都起着十分重要的作用。如果抛开这些不谈，单纯考虑生产工具和生产力状况，那就不能说清楚在原始社会瓦解之后继之而来的必然是奴隶占有制社会这一问题。②

周怡天也是坚持必经说的学者，他认为对马克思、恩格斯关于农奴和农奴制的论述需要做具体分析。从主要被剥削的直接生产者的阶级属性看，斯巴达的黑劳士是国有的分居奴隶，是斯巴达国家的财产，可以被斯巴达国家任意处置。而欧洲中世纪的

---

① 廖学盛：《关于奴隶占有制社会的一些思考》，《史学理论》1988 年第 1 期。
② 廖学盛：《更深入的研究"奴隶"与"农奴"的区别》，《史学月刊》1997 年第 7 期。

农奴则是被束缚在农奴主土地上的依附农民,但他们不是农奴主的直接私有物,在某种程度上,他们可以自己支配自己。①

2. 关于城邦是否是上古国家发展过程中普遍经历的阶段的论争

20世纪以来,西方学者发现在古代两河流域以及其他地区,在国家形成后的一段时期内都存在过以城市为中心结合周围地区而形成的小国。这些小国的规模与古代希腊、罗马的城邦颇为相似,因而也将它们称为城邦或城市国家(City—State)。

受国际学术界的影响,我国学者也颇为关注城邦问题。林志纯先生在《世界上古史纲》中提出了古代城邦普遍说,他认为"最早的国家,就现在所知道的,都是城市公社、城市国家或城邦","奴隶制城邦是古代一切奴隶制国家的必经阶段",②但奴隶制是要发展的,小农的破产、城邦经济基础的崩溃和城邦本身的灭亡,都是不可避免的历史命运,取而代之的是专制主义制度的国家——奴隶制帝国。由奴隶制城邦转化为奴隶制帝国,是阶级斗争日益激化的结果。林先生着重研究了中国古代的城邦,他指出"六经皆邦史也",从先秦时代的中国可以看到古希腊罗马式的城邦、民主和议会的影子。林先生指出:古代中国存在贵族制度,存在民本思想和原始民主制残余,存在不同社会群体与等级制度,

---

① 周怡天:《关于黑劳士的阶级属性与农奴制的历史起源问题》,《史学理论研究》1999年第2期。

② 林志纯:《世界上古史纲》,北京:人民出版社,1979年,第25—29页。

并非一开始就是君主专制。① 林先生主编的《古代城邦史研究》（人民出版社,1989年）将苏美尔、阿卡德、中国、印度、埃及和希腊、罗马的实物和文字史料互相补充、对照,力求证实城邦作为最早国家形态存在的普遍性。此后,林先生又陆续写有多篇关于城邦史的论文。② 学者廖学盛也赞同城邦普遍说,他认为城邦是从自行瓦解的原始共产公社演化而来的一种公民集体的经济、政治社会、意识形态的统一体系。原始社会的普遍性决定了城邦的普遍性,只有自身发展趋于瓦解的原始社会才会转化为城邦,这在亚洲、非洲、欧洲和美洲都能够产生。③

有的学者并不同意城邦普遍说,如陈隆波认为古代东方早期国家与希腊、罗马城邦的区别在于各自建立在生产力和社会经济发展水平不同的基础上,从而使各自在生产资料所有制、政体形式、社会阶级结构和早期历史的发展上,表现出不同的特点。城邦是生产力和社会经济发展到城市形成阶段,农村公社瓦解、私有制和奴隶制发展以及阶级斗争的结果,而不是原始公社解体后具有普遍性的、自发形成的原始国家形态。西亚、北非早期国家不仅开始没有达到城邦阶段,并且以后也没有发展为希腊式的城邦,而是向着广阔领域的王国和帝国发展。④

城邦问题的另一个论争焦点是:在中国古代是否经历过城邦

---

① 林志纯:《孔孟书中所反映的古代中国的城市国家制度》,《历史研究》1980年第3期;林志纯:《从春秋"称人"之例再论亚洲古代民主政治》,《历史研究》1981年第3期。
② 林志纯:《中西古典引论》,天津:天津教育出版社,2006年。
③ 廖学盛:《试论城邦的历史地位和结构》,《世界历史》1986年第6期。
④ 陈隆波:《城市、城邦和西亚、北非的早期国家》,《世界历史》1984年第4期。

阶段。赵伯雄不同意上古中国存在过城邦的观点,他认为希腊每个城邦都是一个独立的主权国家,其上无一个特殊的、至高至尊的权威。而西周各邦并不是有独立主权的国家,天子与邦君之间的君臣关系十分明确。西周国民不同于雅典公,他们的政治权利非常有限,受着君主政体的制约,参加政治一定要在专制君主可以接受的范围之内。国人的参与国事,只能看做是原始民主制的遗存。国家的主权,无论如何也不能说是掌握在国人手中。①

(二)上古文明史研究中有待解决的问题

随着国内外史学研究的不断深入,历史学家们对上古史的研究又提出了诸多新问题。

1. 上古文明发展的多样性问题

上古文明的发展是多样的,按其扩展情况而论,大致可以划分为三种不同的类型:其一,属于主体内向型的中国文明。由于中国所处地理环境有大洋、荒漠、高山环绕,与中亚、南亚、漠北地区相阻,呈现出相对独立和封闭的状态,因而在其影响范围内产生了明显的内向型。中原文明对"戎""狄""蛮""夷"等族产生了强大的吸引力,使他们都向中原文明靠拢。靠拢的方式不论是战争还是迁移,其结构都是接受以中原文明为主体的先进文明的影响和同化,从而使中原文明得到了不断的扩展。其二,属于多元重叠型的西亚、南亚、埃及大片文明区。这一文明区的地域广袤,地形多样,高山草原、沙漠河谷交错其间。众多民族迁移到这一

---

① 赵伯雄:《周代国家形态研究》,湖南:湖南教育出版社,1979年,第206—219、321—328页。

地区并分别立国,创造出多元的文化。有时由于军事力量的变化,往往通过武力征服,建立一种军事行政联合的大帝国。由于缺乏坚实的经济基础,这些大帝国的统治难于持久。新的帝国崛起后又重新占领先前帝国的部分或全部版图,形成霸国迭起(亚述、新巴比伦、赫梯、新王国埃及、波斯、塞琉古、托勒密、安息等)、重叠统治的现象。大帝国的建立也促进了其统治区域间的文化交流,使多元文化的内涵更加丰富。其三,属于外向辐射型的地中海世界。地中海浑然一体的海域和四通八达的海上交通,有利于各地之间的联系。而其沿岸的陆地和半岛多由山脉纵横分割,不利于内向统一。腓尼基、希腊半岛、意大利半岛、迦太基等地繁盛的海外贸易、辐射式的海外殖民以及后来的希腊化、罗马化过程,就是这一情况的具体体现。

2. 上古时代人类精神觉醒的问题

公元前 8 世纪到公元前 3 世纪,中国、印度、希腊都呈现出思想活跃、文化繁荣的局面。德国哲学家雅斯贝斯将这一时期称为"轴心时期",他认为这一时期出现了人类精神的觉醒,这一时期不仅构成了上古历史的十分重要的内容,而且对后世思想文化的发展产生了深远的影响。[①]

雅斯贝斯的轴心时期研究对我们认识人类精神文明的发展历程很有启发意义,然而他并没有探讨中国、印度和希腊三个地区的上古文明在轴心时期精神变革的具体内容。他的"轴心时期"理论带有浓厚的思辨色彩和猜测成分。雅斯贝斯只是提出了

---

① 卡尔·雅斯贝斯著,魏楚雄、俞新天译:《历史的起源与目标》,北京:华夏出版社,1989 年。

问题,却没有论证问题。

中国学者刘家和教授在《论古代的人类精神觉醒》一文中对有关问题进行了全面、深入的研究。他首先界定了轴心时期古代人类精神觉醒的内涵,认为所谓人类精神觉醒乃是指人类经过对自身存在的反省而达到的一种精神上的自觉,它包括三个方面或三个层次:一是人类经过对人与自然或天的关系的反省,达到关于自身对外界的自觉;二是人类经过对人与人关系的反省,达到关于自身内部结构的自觉;三是人类经过对以上两方面反省的概括,进而对人的本质或人性的反省,达到关于自身的精神的自觉。刘教授在分析这次人类精神觉醒发生的历史条件之后,论证了人类精神觉醒在中国、印度和希腊的具体表现和特点,指出了在探讨天人关系的问题上,印度形成了宗教研究的传统,希腊形成了科学研究的传统,中国则形成了人文研究的传统;在论析人与人的关系问题上,印度佛教主张无差别的平等,古希腊学者揭示出人类平等中的内在矛盾,而中国儒家则以具有礼的形式的仁使现实中有差别的人同一起来;在研究人性的问题上,印度把人理解为宗教的动物,希腊和中国则分别把人理解为政治动物和伦理动物。①

3. 社会改革与上古文明社会发展的问题

(1)社会改革的历史必然性问题。纵观人类发展史,当一种生产关系由生产力发展的促进者变成生产力发展的束缚者时,便会导致社会革命,从而使社会形态发生质变。一种社会形态在存

---

① 刘家和:《古代中国与世界:一个古史研究者的思考》,武汉:武汉出版社,1995年,第571—599页。

在和发展中不断产生矛盾,而社会改革(包括政治、经济和文化改革)便是解决种种矛盾的必然途径。社会改革是当权者对既定的社会制度所进行的调整,它与社会革命不同,它并不推翻现存的根本制度,只是对现存制度加以改善,进行调整,使之适应时代的变化。

(2)上古国家社会改革的范例。①雅典国家形成过程中的改革:公元前594—591年的梭伦改革;公元前541—527年庇西特拉图僭主政治时期的改革;公元前509或508年的克里斯梯尼的改革。这些改革促使雅典国家最后形成,民主政治确立,为公元前5世纪雅典全盛时期的到来奠定了基础。②罗马国家形成过程中的改革:公元前578—534年发生的塞尔维乌斯改革,确立了以地区划分和财产差别为基础的国家制度,加强了罗马国家的军事力量,对罗马日后的扩张和发展起了重要的作用。③罗马共和时期早期的一系列改革:从公元前509年至公元前3世纪初的二百年间,罗马出现了平民反对贵族的斗争。在这一过程中公布了一系列法案,有十二铜表法、坎努利亚法案、李锡尼·塞克斯都法案、波特利安法案、霍腾西阿法案等,这些法案提高了平民的地位,从而扩大了罗马城邦的社会基础,为罗马城邦进入全盛时期创造了条件。④罗马共和时期后期的改革:公元前133—121年发生的格拉古兄弟改革,从单纯的土地立法发展为广泛的改革运动,冲击了豪门贵族的统治,提出了罗马国家进一步发展必须解决的一些重大问题,对罗马社会的发展起了促进作用。⑤上古中国发生的重大改革:春秋时期促使齐国兴起的管仲改革;战国时期使魏国成为强国的李悝变法;战国时期为秦国国家富强奠定基础的商鞅变法;北魏孝文帝沿袭汉制,移风易俗,促进民族融合的改革。

（3）社会改革实践过程的轨迹问题。每次改革通常是由当权者自上而下发动，但成功的改革，终归离不开自下而上的呼声与支持，因此重大的改革必是全社会的互动。改革的发动者起着审时度势、运用策略制定法案的领导作用，广大群众则发挥着推动的作用。每次改革都要除旧布新，涉及利益的重新分配，必然遭到既得利益者的阻碍与反抗。每次社会改革，都不会一帆风顺，都要经历较长时间的斗争。在改革过程中有时会刀光剑影，血雨腥风，以至有些改革的领导者惨遭杀害，罗马史上的格拉古兄弟、中国史上的商鞅，就为推行改革献出了宝贵的生命。改革过程中充满了激烈的社会斗争，在罗马共和时代早期的改革中，罗马平民曾发动多次大规模的撤离运动，他们用这种方式迫使贵族让步。

（4）随着"一带一路"倡议的广泛落实，探讨古代丝绸之路的缘起、发展及作用，也将成为史学研究的新课题。

世界中古史概要及其学科研究情况简述

刘明翰

一、世界中世纪史学科的缘起和重要性

世界中古史通常又称世界中世纪史。在世界历史中,中世纪是一个特有的重要阶段。"中世纪"一词,最早出现在欧洲文艺复兴时代,它是16世纪意大利人文主义的语言学家和历史学家们首先提出来的。由于他们崇拜希腊、罗马古典文化,所以把古典文化衰落后至文艺复兴前的这段时间称为"中间的世纪"。17世纪末,德国历史学家凯列尔在《历史全程》(又称为《通史》)一书中,把人类的历史划分为古代、中世纪和近代三个时期,此后,"中世纪"这个概念在西方学术界长期沿用下来。

马克思、恩格斯在他们的一系列经典著作中都援引了"中世纪"的概念,但他们把中世纪视为封建制度在世界范围内占统治地位的时期,认为中世纪是处于古代奴隶制社会和近代资本主义社会之间。当今世界上欧洲、亚洲和非洲的许多国家、民族和语言都是在中世纪时开始形成和发展起来的。如欧洲的法兰西、德意志、意大利、英格兰、俄罗斯、荷兰、瑞士、捷克、波兰,以及北欧的瑞典、丹麦和东南欧的塞尔维亚,以及阿拉伯各国、土耳其和非

洲的马格里布等国家。而亚洲的中国、日本、朝鲜、越南和印度等上古时已形成的诸国,都是中世纪时更加繁荣和扩大的国家。

世界三大宗教之一的伊斯兰教在中世纪于阿拉伯产生并在西亚、中亚、北非广大地区得到传播;中世纪时期,佛教在亚洲各地鼎盛;基督教传遍欧洲各地并出现罗马教皇制和天主教(又称罗马公教)、基督新教和东正教并立的局面;中世纪时期也是印度教和日本神道教盛传的时期。通过学习掌握世界中世纪史的基础知识,可以知晓各个世界性宗教的来龙去脉及其主张。不了解世界中世纪史,就不可能知道资本主义是怎样萌芽和产生的,也不可能知道早期殖民主义是如何使亚非拉广大地区的人民被殖民者侵略并逐渐落入被奴役的深渊的。世界中世纪史时期,出现了许多伟大的发明创造和不朽的文史巨著,出现了无数劳动人民的能工巧匠、政治改革家以及民族英雄,他们可歌可泣的故事,给人以深刻的启迪和教育。

在世界历史的长河中,中世纪是一个重要的过渡时期。从社会演变的纵向发展看,它是从自然经济向商品经济过渡的准备阶段;从世界由分散到整体的横向发展看,它是世界整体化进程启动的前夜。这种时代的过渡性对我们认识今日世界颇有启发。经济全球化是今日世界不争的事实,它说明今日世界正从整体化向全球化过渡。今日世界的过渡性是更高层次的过渡,这种过渡与中世纪的过渡有相似之处。今日出现了许多发展中国家与新兴市场国家要走向世界,实现"复兴梦"。中世纪后期也曾有一些开始市场经济的国家向海外探索,有的成功,有的失败。中世纪史中有许多史例和人物行径,能帮助我们持正确方针走向世界,正确地认识世界。从中世纪演变出的人本主义也有现实意义,它使人们更加地感到尊重人权与人性的可贵。

二、世界中世纪史的基本内容、体系和分期

中世纪的世界，各地社会经济形态确实很不一致，但从纵向与横向的世界全局考虑，这一时期教学研究的重点应该是研究封建社会经济形态的产生、形成、发展和解体的历史过程，阐述广大农民、手工业者及其他劳动人民进行生产活动和反对封建主剥削、压榨而进行斗争的历史，阐述中世纪时期知识分子、科学家和社会各个阶层进行科学实验，创建精神文明，以及政治、经济、文化制度和封建战争等内容。

中世纪同古代相比，生产力有了提高，封建社会比奴隶制社会前进了一个社会阶段。阶级结构、社会关系和政治制度等有了进一步变化。世界各国、各地区的发展很不平衡，亚、欧多数国家封建制经济、政治和文化都有进一步发展，非洲北部的封建制逐渐形成，但非洲多数地区尚处于奴隶制社会或原始公社制社会末期。美洲的印第安人，除少数地区进入奴隶制阶段外，绝大部分居民仍过着原始公社制生活。而澳洲、太平洋和印度洋上许多岛屿的居民绝大多数仍处于原始公社制社会阶段。

中世纪总体上讲是由奴隶制过渡到封建制的时代。但由于各个民族、国家向封建制社会过渡的背景、条件和途径、时间并不相同，因此有一些国家并未经过奴隶制社会就直接向封建制过渡了。各国的具体历史进程不同，封建制特点也就各有不同。世界上多数国家的封建制特点是封建的生产方式是社会生活的基础。

所以世界中世纪史的主要内容应该是讲封建制是怎样在亚、欧大多数国家和非洲部分国家占主导地位的。

关于世界中世纪史的体系安排,欧美和前苏联的一些学者曾处处以欧洲为典型,视东方为另类,把亚非拉的历史作为陪衬,大肆宣扬"西欧中心论"和单纯地使用"综合年代法",这显然是错误的。"西欧中心论"以"白种人至上"的"种族优劣论"为凭据,实质上是为西欧殖民侵略政策服务的体系。《世界中世纪史》纵横几大洲,涉及数十国,既不能面面俱到、零散罗列,也不能泛泛而论、一带而过。在体系安排上要注意这样一些问题的界限:1.无论是从东亚的朝鲜、日本开始叙述,还是以西欧的法兰克为开端,都要注意与"西欧中心论"划清界限;2.根据史实进行分期,按年代顺序阐述历史,要同"综合年代法"有所区别;3.可以沿用东西方通用的王朝符号,但与帝王将相体系应有所不同;4.虽另有中国历史课,但阐述中世纪中国在世界史上的地位和重要贡献仍是必要而不可缺少的。

创造世界中世纪史新体系的建议:1.应按地区和重大的典型专题划分若干单元,将西欧、东欧、西亚、非洲与阿拉伯、伊朗、奥斯曼等封建帝国以及东亚的朝、日等分别组合为各个单元;2.应适当增加亚、非、美洲的历史内容以及东西方经济、文化联系的历史比重;3.应注重讲述科技是生产力的内容,如欧洲文艺复兴、中世纪晚期自然科学的新纪元推动世界历史发展的重大作用;4.加强原始积累和对西欧早期殖民主义的剖析,揭露殖民主义者血与火的侵略使亚非拉人民沦入被奴役的悲惨境地;5.增加对中世纪晚期国际关系史的阐述,通过对西班牙、葡萄牙和奥斯曼帝国由盛及衰变化的史实,说明霸权不会持久,通过一系列国际条约、协定,对欧洲疆域的渊源以及基督教、伊斯兰教中诸教派的分歧和争端的由来,能进一步了解;6.增加中世纪时中国与欧洲各国、各地区经济、文化关系的内容,阐明14世纪前中华文明居世界首位及其在历史上的重大影响。

关于世界中世纪史的上限,在《剑桥中世史》第1卷开头,列举过12种有关起始年代的说法。不过在我国史学界则主要有三种主张:1.以中国最先进入封建社会的时间为上限,有的按西周"分封建国"时算起,有的以战国开始(前475)或西晋统一(280)的年代为中世纪时代的开端;2.以公元3—7世纪欧亚多数国家奴隶制社会解体,陆续向封建社会过渡的时期为上限,前苏联科学院20世纪50—60年代出版的10卷本《世界通史》即提倡此种说法;3.以公元476年西罗马帝国灭亡、欧洲一些新兴封建国家产生为标志。

关于世界中世纪史的下限,国内外史学界的分歧甚多。外国学者中,有人主张以东罗马帝国灭亡、君士坦丁堡陷落(1453)为中世纪史的下限;有人主张以路德开始的宗教改革(1517)或以尼德兰革命爆发(1566)为中世纪下限和世界近代史开端;也有人提出根据世界多数地区仍存在封建社会,以1789年法国大革命的开始作为中世纪时代结束的下限为宜;《剑桥近代史》第1卷,将欧洲文艺复兴开始的14世纪初作为中世纪史的结束和世界近代史的开端。

关于世界中世纪史的下限和世界近代史开端的问题,近年来我国国内史学界主要有两种不同的意见。一种是20世纪80年代由国家教委组织16所高校合作统编通用的《世界史·中世纪史》(人民出版社,1986年)主张将英国资产阶级革命(1640)作为世界中世纪史的下限和世界近代史的开端,其主要观点是以社会经济形态和政治制度为主要标志,认为欧洲文艺复兴、新航路的开辟、欧洲宗教改革、三十年战争等事件都属于封建制解体时期的反映;另一种意见的代表是国家教委组织编写,由吴于廑、齐世荣主编的6卷本《世界史》,其中《古代史·下卷》(高等教育出版社,1994年)主张"地理大发现和文艺复兴"的15—16世纪为中世纪史结束和世界近代史的开端。如果从教学实际出发讲通史,后者的断限有其优点;如果专讲中世纪史,前者更有助于说清问题。

关于世界中世纪史的历史分期,我国在20世纪70年代以前,基本上是沿用前苏联的分期法,即按西欧的情况将封建时代的中世纪分为早(5—11世纪)、中(11—15世纪)、晚(16—17世纪)三期,然后又用削足适履的方式,强行把亚洲的历史内容肢解,压缩成为零散的三期(三段),并入到西欧史的轨道之中。我国改革开放以来,史学界按照中世纪史的史实,以15世纪末为断限,将欧洲和亚洲封建社会的发展变化分为上行和下行的前、后两大时期(非洲、美洲不宜分期)。前期是封建社会的形成和发展、繁荣时期,后期是随着资本主义的萌芽和产生,封建社会进入逐渐衰落和解体时期。再者,15世纪末到16世纪初,西欧诸国对亚非拉广大地区开始殖民侵略后,亚非拉许多国家和地区面临的主要任务是反殖民侵略和反殖民统治者的压榨,这同15世纪以前各国的社会矛盾已有所不同。许多学者认为以15世纪末(1492)新航路的开辟为标志,将中世纪的前、后两个时期加以大体的划分是符合史实的,此后仅是属于中世纪的晚(或称为后)期,并不属于资本主义时代的世界近代史范围。因为从世界范围来说,中世纪晚期封建制的社会经济形态和政治制度在各地仍然处于主导地位。

三、封建生产方式与封建国家的主要特点

世界各国封建制度的类型和特点差别很大,但封建生产方式的主要特征基本上是类同的。生产的个体性质和小规模性是各国封建社会生产的共同特点。

关于封建社会经济的特点,恩格斯曾概括地论述道:"中世纪社会:个体的小生产。生产资料是供个人使用的,因而是原始的、笨拙的、小的、效能很低的。生产都是为了直接消费,无论是生产者本身的消费,还是他的封建领主的消费。只有在生产的东西除了满足这些消费以外还有剩余的时候,这种剩余才拿出去卖和进行交换。所以,商品生产刚刚处于形成过程中,但是这时它本身已经包含着社会生产的无政府状态的萌芽。"[①] 上述内容明确指出,封建社会中由于生产力发展水平低,因而商品货币经济不可能得到较大的发展。

封建制社会相比于以前的奴隶制社会是一大进步。封建生产方式是一个新的社会经济形态。封建土地所有制是封建制度的基础。在封建制度下,生产关系的基础是占有主要生产资料(即土地)的封建主本人和国家与不完全占有主要生产资料(即土

---

① 恩格斯:《社会主义从空想到科学的发展》,载于《马克思恩格斯选集》第3卷,北京:人民出版社,1995年,第758页。

地)的依附农民和农奴。封建主所拥有的土地,大部分是通过份地的形式租给个体农民长期耕种。土地的封建主所有制与独立的个体小农经济相结合,以及农民由于耕种封建主的土地而对封建主的人身依附和由于这种依附而产生的封建主对农民的超经济强制,便是封建制社会经济的典型特点。

列宁曾将封建制度同资本主义制度加以对比,指出封建生产方式有四个基本特征,即:自然经济占统治地位;直接生产者在被给予一般生产资料(特别是土地)的同时,必须被束缚在土地上;超经济的强制;技术的极端低下和停滞。① 封建社会中封建主阶级及官府对广大农民的压榨是多方面的。农民生产的绝大部分产品,被封建主以封建地租以及名目繁多的捐税和教会的"什一税"等多种形式所侵吞。封建剥削主要是通过劳役地租、实物地租和货币地租的形式实现的。封建制形成的初期,劳役地租占优势,稍后实行的是实物地租,最后则以货币地租为主导形式。马克思曾分析道:"不论地租有什么独特的形式,它的一切类型有一个共同点:地租的占有是土地所有权借以实现的经济形式,而地租又以土地所有权、以某些个人对某些地块的所有权为前提。……在劳动孤立进行和劳动的社会性不发展的情况下,直接表现为直接生产者对一定土地的产品的占有和生产。""一切地租都是剩余价值,是剩余劳动的产物。地租在它的不发达的形式即实物地租的形式上,还直接是剩余产品。"②

---

① 列宁:《俄国资本主义的发展》,载于《列宁全集》第 3 卷,北京:人民出版社,1995 年,第 158—161 页。

② 马克思:《超额利润转化为地租》,载于《马克思恩格斯全集》第 25 卷,北京:人民出版社,1995 年,第 714—715 页。

封建经济和封建社会的阶级结构及阶级斗争决定了封建国家政权的性质,封建国家的政权形式在不同时期和不同的国别里都有着明显的差异。东方的一些封建国家,基于封建土地国有制占优势,由国家集中管理的水利灌溉设施在农业中占有重要地位,特别是从奴隶制社会承袭下来的庞大的国家组织系统和官僚机构。因而,往往在封建社会形成之初,这些国家便是中央集权的统治形式。还有一些东方封建国家,因受到种种情况的影响,而未能统一集权。如日本在大化改新前后全面学习中国唐代的政治和经济模式,但1192年镰仓幕府掌握军政实权后,形成了天皇同军人幕府二元化的平行王朝的统治局面。又如中世纪的印度、印尼等国因长期处于封建分裂的政治状态,也并未能统一集权。

在封建社会初期的欧洲,古代日耳曼人的各个"蛮族"国家处于各自独立的分裂割据状态。由于自然经济占统治地位和经济的分散性,欧洲的诸公国、伯国、侯国各自为政,实际上互不隶属。查理帝国时的"暂时性军政联合"到凡尔登条约(843)签订时,终于分裂为三部分,即东、西法兰克以及法兰克中部地区和包括意大利在内的狭长地带。这便成为后来德、法、意三国的雏形。

欧洲各国由于社会生产力和城市经济的发展,特别是政治状况的不同,产生了几种不同类型的封建国家。一类是西欧的一部分国家,如英、法、西班牙等,随着社会生产力和城市经济的发展、国内市场的形成和市民力量的增强,出现了全国性的等级代表机关——议会的封建君主制,即"等级君主制",到15世纪末,这些国家逐渐发展为中央集权的封建国家。自15世纪末至17世纪,这类国家封建君主和贵族占统治地位,确立了绝对君主专制政体,推行重商主义和殖民贸易。另一类是俄罗斯,它是在反抗蒙古人统治和奴役的民族独立斗争中,实现了莫斯科公国的统一,进而在1547年确立了沙皇的统治。上述两类国家本民族的语言和文化同集权国家是同步促进和形成的。再一类是德国和意大利等,这些国家由于国内长期分裂,政治上未能统一,自身经济发展不平衡,工商业中心多在边境并以对外贸易为主,缺乏全国性统一的国内市场。此外,则是东欧和东南欧的许多小国家,它们处于神圣罗马帝国或东罗马或奥斯曼帝国统治下,长期受侵略、被奴役,国家的独立和富强受挫。中世纪时,阿拉伯的哈里发帝国和奥斯曼帝国版图一度横跨亚非欧,这类国家具有政治、经济、军事和宗教合一性的政权形式。

农民起义和农民战争是中世纪阶级斗争的最高形式。封建社会初期的阶级斗争多局限在部分地区,规模较小,主要内容是自由农民反抗农奴化,其积极意义在于大体限定和制约了封建租税的平衡性标准。在东欧,拜占庭的保罗派运动、斯拉夫人的托马起义以及阿拉伯帝国版图内的历次起义,均是大规模的、影响甚广的农民起义。

欧洲10—11世纪城市兴起后,阶级结构和社会矛盾日趋复杂,阶级斗争亦增加了新内容——城市内部的阶级斗争。城市内部的阶级斗争大体经历了争取自治权、城市行会反对城市贵族的压榨,以及城市平民与农民联合起义等阶段。

1358年法国的"扎克雷"起义和1381年英国的瓦特·泰勒起义为逐步推翻农奴制作出了积极的贡献。东欧的胡斯战争和斯坎德培起义是反外族侵略和反封建奴役相结合的伟大农民战争。李舜臣与邓子龙等人联合抗击日本侵略者的英勇事迹永载史册。1524—1526年,伟大的德国农民战争是欧洲资产阶级与封建制度的第一次大决战。德国农民战争后,农民的处境更加的恶化,某些地区出现了"农奴制的再版",这不是农民战争造成的,而是农民战争失败的后果。

中世纪东方各国农民运动的主要特点是规模大、时间长、影响广。中国从陈胜、吴广起义到太平天国起义,历次农民战争的声势之大、次数之多为世界历史所罕见。阿拉伯帝国的穆康纳起义、巴贝克起义、黑奴大起义及日本的山城国农民起义均彪炳史册。美洲印第安人的铁诺奇蒂特兰城保卫战、"伟大印加"的战斗旗帜等生动史实,体现了被侵略、被压迫民族不屈不挠地反抗殖民主义的斗争精神。

关于封建社会和封建制度的研究,中国史学界的成果较多也较深入,这是由中国长期处于封建社会所决定的。世界史学界较为关注的是东西方经济形态的比较。[①] 因为虽然西方发展资本主义,东方没有发展资本主义,但是东西方最终会形成统一的共同体,所以学者们热衷于探索东西方经济形态的异同点。关于欧洲封建经济形态的多样性,我国学者关注的课题是日耳曼人的农村公社制问题、东欧的农奴制问题、西欧的封建城市与骑士制度问题以及东西欧的农民战争问题等。

[①] 参见朱寰主编:《亚欧封建经济形态的比较研究》,沈阳:东北师范大学出版社,1996年。

四、封建时代的精神文明与宗教概况

社会文明的结构包括三个部分,即物质文明、精神文明和制度文明。物质文明是人类得以生存和发展的物质基础,是精神文明发展所依赖的物质条件。精神文明是人类精神现象中的积极因素,包括人类改造主客观世界的积极成果,人类意识形态中的理想、观念、成果、思潮以及各种载体。在社会文明的结构中,物质文明与精神文明是最根本的,两者相比,物质文明更为重要,但精神文明并非跟在物质文明之后亦步亦趋,它有时具有超前性,如在资本主义制度尚未确立的封建时代晚期,便有空想社会主义的名著《乌托邦》和《太阳城》问世;闵采尔和康帕内拉等人的观点和主张,也是精神文明这一特点的体现。制度文明包括经济制度、政治制度、法律制度和文化教育制度等诸多方面,它既存在于物质生产领域,又存在于精神生产领域,有时表现为物质文明与精神文明联系的中介。

精神文明的核心是人类在改造世界中形成的精神生产的肯定性成果,即人类精神觉醒的表现和成就。不同时期的精神文明,有不同的主张和重点。封建时代的精神文明是在封建的生产方式和封建的物质文明的基础上形成的。封建时代有占主导地位的封建地主阶级的精神文明,也有广大农民和劳动群众的精神文明。后者虽然并不系统,但是却不断发展。两者之间一直存在着激烈的斗争,中外史实概不例外。精神文明的终极追求主要在三个方面,即:人类自身的全面解放与发展、人与人之间关系的碰撞与协调、人对自然的认识、改造及与自然的和谐相处。

自古以来，科技就是精神文明的第一要素，是社会的第一生产力，是社会进步与发展的主要动力。思潮、文化教育以及文学、艺术、史学、哲学、法学、政治学等是精神文明的成果，而各项文教事业的设施、机构（如学校、博物馆、图书馆等）则是精神文明的表现和载体。人们的心理、思想、道德、风尚、信念等均是精神文明建设的内涵。封建时代不同阶段中，精神文明发展的状况和规律怎样？精神文明发展过程中有哪些经验教训？有哪些思想家、理论家？他们的观点和著述如何？这些都是应着重探讨的问题。中世纪各国、各地区精神文明的主要共同点是：由于封建主阶级处于统治地位，他们为了发展地主阶级的精神文明、维护封建制度，而把封建秩序说成天经地义，给封建压榨蒙上了"神赐的灵光"。

封建时代是世界上各个宗教最活跃、传播最广的时期。在封建时代，凡是对各国占统治地位的教会、教派产生不满或反对情绪，或是触犯了宗教教条的人，都被斥之为异端或"邪教"。在异端中又分为许多教派，他们反对封建正统教会的斗争，是阶级斗争的一种表现形式。欧洲的阿尔比派（包括华尔多派和纯洁派）、以多里奇诺为首的"使徒兄弟派"、以约翰·保尔为代表的"罗拉德派"及胡斯派等，中国的以张角为首的"太平道"、以张鲁为代表的"五斗米道"以及明代的白莲教等，都是异端中的教派。大量史实证明，利用民间流行的宗教作为组织和发动群众的工具，在亚非多次大规模的反封建斗争中是较为普遍的现象。

中世纪精神文明的地区分布，按思想、宗教和风尚等可划分为：以儒学为主的中国儒、道、释文明；以佛教为重点的东亚和东南亚文明；遍及东西欧的基督教文明（包括天主教、基督教和东方俄罗斯与拜占庭东正教文明);阿拉伯—伊斯兰文明(阿拉伯文明是埃及、伊朗、阿拉伯、叙利亚文明的总称);美洲的印第安文明。封建时代精神文明的特征是:多元、多线发展,地域性强,宗教因素作用大,15—16世纪是其发展变化的转折点。在中国封建时代,以孔子、孟子、董仲舒、朱熹等为代表的,以维护封建君主专制统治为目的儒学长期居于统治地位;在欧洲封建时代,从奥古斯丁的《上帝之城》到托马斯·阿奎那的《神学大全》,基督教的名著都在鼓吹封建等级制是上帝的安排、教皇是上帝的代表等;在西亚和北非,阿拉伯—伊斯兰文明盛行,其以《古兰经》为经典依据,最高的、唯一的信仰是真主安拉。

15—16世纪,文艺复兴、新航路的开辟、宗教改革和自然科学新纪元的开端,这些划时代的事件是人类精神文明发展变化的里程碑。

以上这些问题一直是国内外中世纪史学界关注的重点。在我国改革开放以来,出现了不少有关文艺复兴问题的论文和专著,其中较突出的是刘明翰主编的《欧洲文艺复兴史》12卷,该书不仅论述了文艺复兴的总特点和在各国的表现,而且对文艺复兴前后的中西方国家进行了比较,对该课题的研究状况和发展趋势也进行了论述。[1] 对新航路开辟的研究,朱寰教授与严中平先生在《世界历史》等刊物上的论战颇具影响力。朱寰教授认为,应该给予哥伦布历史性的评价,不能简单地将他视为"殖民主义海盗",还应该看到他对欧洲资本主义发展、对天主教世界观的打

---

[1] 刘明翰主编:《欧洲文艺复兴史》12卷,北京:人民出版社,2010年。

击、对世界各地文化的交流都起到过积极的作用。① 在宗教改革研究方面,南开大学的于可教授从国外获得有关马丁·路德文集的一手材料,通过对这些材料的分析,他认为马丁·路德不仅是一位划时代的宗教改革家和实践家,还是早期资产阶级民族主义的政治思想家和爱国者,并不是农民战争的"叛徒"。②

五、中世纪的世界交流为人类历史整体化做了准备

从古代到中世纪,虽然未完成人类历史从分散到整体的进程,但是却为此做好了前期的准备。中世纪的世界已经形成多种文明类型,除美洲、大洋洲及南部非洲之外,整个欧亚大陆彼此之间通过陆路与海上的"丝绸之路"基本上实现了沟通交流,形成了三大文明区,即:信奉基督的西方文明区、信奉儒学与佛学的东方文明区以及横跨欧亚非三洲的伊斯兰—阿拉伯文明区。三大文明区的形成与相互交流,为世界整体化做了准备。

中世纪的东方文明发展领先于西方,就中国而论,唐、宋、元、明、清都是统一的大国,国家组织严密,社会生活有序;而在西方,自西罗马帝国灭亡之后,整个欧洲就处于混乱的状态。在经济上,中国有发达的集约化农业,而西方的农业仍然停留在农牧混

---

① 有关论文参见20世纪70年代末至80年代初的《世界历史》《历史研究》等刊物和朱寰:《学思录》,北京:中央广播电视大学出版社,2008年。

② 参见于可:《关于马丁·路德评价的几个问题——纪念马丁·路德诞生500周年》,载《世界历史》1983年第2期,《新华文摘》1984年第2期。又见于可主编:《当代基督新教》,北京:东方出版社,1993年。

合的粗放状态。从唐朝到明朝,中国粮食亩产都有300余斤,而西欧的粮食亩产才100余斤,甚至到了16世纪英国粮食亩产才为59公斤。中国早在商代即已知用铁,11世纪末冶铁的产量每年高达15万吨,而欧洲到17世纪才达到这一水平。春秋战国时期,中国纺织业已有手摇纺车,而西欧13—14世纪才出现手摇纺车,比中国晚了约1600年。中国古代中世纪时,劳动人民即已在江河上、在峡谷间建造出无数桥梁(包括梁桥、拱桥和索桥三大类),许多建造技术属世界首创。中国佛教雕塑、壁画等建筑艺术的突出成果是古塔和石窟。著名的佛塔有:嵩岳寺塔(登封,523年建)、神通寺四门塔(济南,611年建)、大雁塔(西安,652年建)、开元寺塔(河北定州寺,1001年建)、佑国寺塔(开封铁塔,1049年建)等。著名的石窟有:敦煌莫高窟、云冈石窟、龙门石窟、麦积山石窟等。这些佛教艺术大量吸收了印度等外来艺术的有益成分,故远超同时期西欧建筑艺术的水平。

中国是世界上最早发现并使用漆料和漆器的国家。商代和西周时,人们已经开始用漆料涂饰器具,给器具防腐;隋唐时,漆器制造艺术开始传至日本等国;明清时,中国漆器种类扩大并远销世界各地。中国素有"瓷器之国"的美誉。隋唐时期瓷器生产繁荣,元明清时期向多种彩瓷方向发展,遂成为珍贵的艺术品。瓷器的出口超过了丝绸,"丝绸之路"转变为"瓷丝之路"。中国四大发明——造纸术、印刷术、火药、指南针的西传,加速了阿拉伯世界及欧洲的发展。12世纪,中国火药、火器的制造技术已在中亚应用。14世纪,阿拉伯人把火药和火炮的使用方法经过西班牙传到了欧洲。12世纪时,中国发明的指南针已应用在航海中。中国明初的造船技术和航海远超威尼斯、热那亚及阿拉伯诸国,在世界上是领先的。郑和下西洋(1405—1433)规模之大,技术之高,航路之远,使命之高尚,是前所未有的。他的大宝船长约44丈(约140米)、宽约18丈(约57米),载重量千吨以上。郑和的船队遍访亚非30余国,驰名世界,比迪亚士、哥伦布、达·伽马等开辟新航路要早半个世纪。哥伦布1492年驶往美洲的"圣玛利亚号船"只有17米长、6米宽。总之,14世纪明朝建国之初的中国是世界上经济、文化和科学最发达的国家。当时,世界上重要的发明和科学成就约300项,其中出自中国的约有175项,占57%以上。

中世纪时,虽然中国同个别外国封建统治者之间有过军事冲突,但人民之间的友好往来,始终是中国同其他国家之间关系的主流。中国同亚洲的朝鲜[①]、日本之间,长期有着活跃的商贸和文化联系。中国的儒学和佛教传播到朝鲜、日本,对这两个国家产生了重大的影响。日本的孝谦天皇曾号召"以唐为师",公元630—894年,日本曾先后19次任命过遣唐使。新罗和日本来中国的留学生(僧)归国后,曾积极推行效仿中国的政治和经济改革。16世纪末,丰臣秀吉在镰仓幕府、室町幕府和织田信长之后侵略朝鲜并妄图再入侵中国,称霸亚洲,但他最后也以可耻的失败而告终。

东西方经贸文化交流的兴盛主要倚仗"丝绸之路"的大发展。海上丝绸之路虽然从东汉时期就有了,但由于南北朝时期政局的动荡而未能发展起来。中国唐朝的兴盛和阿拉伯帝国的扩张使

---

① 高句丽是中国东北地区和朝鲜半岛北部的国家,历来是中国少数民族的地方性政权。高句丽并非高丽,不能同王建(936)所建立的王氏高丽王朝相混淆。

"丝绸之路"从 8 世纪起有了较大的发展。海路、陆路并举逐渐演变为海路优先,形成了"海上丝绸之路"。公元 714 年,广州设置了中国第一个海外贸易机构——市舶司。曾任宰相的贾耽(730—805)在其所著的地理书中记有 7 条海路,其中重要的一条是从广州经印度到波斯湾巴格达,再回驶经也门到东北非地区;另有一条是中、韩、日之间文化与贸易交流的"东方海上丝路",即从山东半岛"极海之处"的登州、莱州通往韩、日的商贸文化交流通道。[①]

宋元时期"海上丝绸之路"得到进一步的发展,泉州、杭州、广州都建有市舶司,它们成为当时世界上最繁华的城市。海上航线遍及东南亚、南亚等地,特别是波斯湾向非洲的发展,经贸活动达到桑给巴尔、基尔瓦、莫桑比克的克利马内。中国的瓷器、茶叶、丝绸从沿海传到非洲内地,因此,公元 1311—1320 年,朱思本绘制的"舆地图"中非洲是倒三角形,比当时西方人对非洲的认识要先进的多。郑和的航行将"海上丝绸之路"发展到顶点,但由于此后明清政府面对倭寇与早期西方殖民者的侵扰实行"海禁""锁国"的政策,导致了"丝绸之路"主导权的丧失,使西方殖民者趁机改变了"丝绸之路"的性质,并致使其终结,这是极大的历史教训。[②]

中世纪中外文化交流中的重要人物有:走访中东非洲地区的第一个中国人——唐朝的杜环,他于公元 762 年沿着"海上丝绸之路"回国,并著有《经行记》,记录其见闻;西方国家来华的第一

[①] 刘凤鸣:《山东半岛东方海上丝绸之路》,北京:人民出版社,2007 年。
[②] 参见张象:《论古丝绸之路对现实的启示》,《安徽史学》2018 年第 3 期。

人——威尼斯的马可·波罗,他于公元1275—1295年来华巡游和任职,其著《马可·波罗游记》是西方人认识中国的入门之作,影响很大;公元1328—1339年,中国旅行家汪大渊走访了亚非数十国,其著《岛夷志略》大大地扩大了中国人的世界视野;公元1346年,摩洛哥旅行家伊本·白图泰来华,其著《异境奇观:伊本·白图泰游记》不仅将中国的信息传至西班牙,而且越过大沙漠传至非洲的马里帝国;15世纪初,随郑和航行的作家马欢、费信、巩珍的游记对中国人了解世界,促进中外文化交流都做出了重大的贡献。[1]

16—17世纪,西方耶稣会传教士利玛窦、汤若望、南怀仁等来华。他们"知识传教",介绍了当时西方的科学技术,对东西方文化的交流产生了积极的作用,与1840年后来华的传教士是有区别的。

---

[1] 马骏骐:《碰撞、交流:中外文化交流的轨迹和特点》,贵阳:贵州人民出版社,2006年。

世界近代史的特征与发展概要

刘宗绪

世界近代史通常指的是世界进入资本主义时代之后的历史。关于近代史始于何时,有不同的说法,如始于文艺复兴时期、始于16世纪、始于17世纪英国革命等,这里取始于16世纪的说法。

马克思指出:"商品流通是资本的起点。商品生产和发达的商品流通,即贸易,是资本产生的历史前提。世界贸易和世界市场在16世纪揭开了资本的现代生活史。"[①]工业革命"使东方从属于西方",[②]由此开始了世界的整体化。资本主义从一开始就有着国际性特点,它不是单纯"民族"的,而是国际性网络。历史证明,真正的资本主义商品经济,从来不是狭小区域性的,而是跨国的。正是地中海的贸易网络,使欧洲资本主义萌芽最早出现于意大利北部。随着新航路的开辟,贸易中心转向大西洋,才使荷兰、英国率先成为资本主义海上强国。造成资本主义国际性特点的原因是多方面的,最重要的是:当时西欧小国林立,只能从事跨国贸易;各国政权尚未集中,更没有管辖范围辽阔的统一的权力机构;商人一旦乘船出发进行海上贸易,便不受政府的监督与控

---

① 马克思、恩格斯:《马克思恩格斯选集》第2卷,北京:人民出版社,1995年,第166页。

② 马克思、恩格斯:《共产党宣言》,见《马克思恩格斯选集》,北京:人民出版社,1972年,第255页。

制。这些条件在当时是西欧独具的,这也局部地解答了东方国家资本主义萌芽被扼杀的原因。正是基于这些情况,这里才采用了近代史始自 16 世纪的说法。

一、世界近代史的基本特征

近代社会与古代社会的差别可以列出很多,然而最本质的差别还在于经济基础、上层建筑和人本身的变化。这三个方面可以具体归纳为:商品经济取代自然经济;以法律为标志的国家权力取代以王室家族为代表的贵族特权;自主意志的公民取代受制于人的臣民。其他各方面的差别,都可以从这三方面之中寻求到根源。

(一)商品经济取代自然经济

在近代社会到来之前,占统治地位的经济形态是自然经济,在经济学上也称为自给自足的自然经济。所谓自给自足,指的是经济上分工不发达,人们在狭小的范围内,甚至一个家庭中,就能够生产出衣食住行所需的各种产品,而基本上不需要进行商品交换,这是生产力水平低下的表现。因此,自然经济状态下的生产目的是自我消费,这就决定了它是内向的、闭塞的,缺乏活力,发展滞缓。

商品经济则恰恰相反,它的生产目的是出售,是进行交换,因而要面向社会、面向市场,甚至是世界市场,在市场上还要面对竞争对手。这种市场环境和竞争机制促使人们不断改进商品质量,提高产量，奋力开发新产品，否则就要亏本甚至破产。因此，商品经济是外向的、开放的，自身充满了活力，远比自然经济更为先进和优越。

商品经济所遵循的等价交换原则，使它具有了一种本质性的特征，那就是自由。众所周知，商品经济是通过市场运作的，最重要的市场便是商品市场、金融市场和劳动力市场。商品市场上的买卖双方、金融市场上的借贷双方、劳动力市场上的雇佣双方，都需要有选择的自由、谈判的自由、成交的自由和签约的自由。择优选购、讨价还价、成交签约，都是双方在斟酌思考之后的自愿行为，是自由的而不是被迫的。当然，要行使这些自由，还需要具有生产资料所有制的自由。在封建社会里，作为基本生产资料的土地，在所有制上是不自由的。国王将土地分封赏赐给贵族，贵族须向国王尽义务，国王可对贵族行使权利。大贵族又将土地分封给下级贵族，他们之间也有权利和义务。各级贵族都将其占有的多数土地分成小块，交给农民耕种，是为份地。在贵族与农民之间也存在权利与义务。这种宝塔形的层层分封，各有权利与义务，就形成了一种附有条件的等级所有制。而资本主义商品经济所要求的，是无条件的绝对私有制，这才是所有制上的自由。正因为如此，在早期的资产阶级反封建斗争中才提出了"私有财产神圣不可侵犯"的口号。

在商品经济竞争机制之下，显赫的门第和高贵的血统都失去了作用，只有对市场走向的正确观察与判断才是决定性的因素。因此，人的价值和人的地位被提上了历史日程，出现了自由、民主、人权等反封建的口号，以人的理性取代神的意旨成为一种时代的呼唤。

这一切都说明，商品经济自身的活力，它的自由的特征所呼唤出来的对人权自由的强烈要求，决定了近代社会的先进性和优越性，这也是近代社会能够飞速发展的根基。

（二）以法律为标志的国家权力取代以王室家族为代表的贵族特权

经济基础的变化，必然要求建立与它相适应的上层建筑，那就是以法律为标志的国家权力，即法治国家。商品经济必须是法制经济，要确保合理的竞争环境和契约（合同）的法律效力，人的自由权利也必须有法律的保障。因此，就需要把宣传中的天赋人权学说转变成受法律保护的实际的公民权利，这就要废除封建主义的王权、神权和特权。要做到这一点，就必须树立起法的至高无上的权威。法应来自于民意而不是君主的意旨，故而近代法治国家必须实行代议制度，即议会民主制。作为立法机构的议会，要由民选产生，其立法是最高决策。行政机构，无论是君主立宪制还是共和制下的行政机构，都只能依法而治。法既然是全体官民都必须遵守的最高成规，就必须施行司法独立的原则，以便执法时不受来自任何方面的干预。这就是三权分立，立法、行政、司法三权分别由不同的机构执掌，相互有制约作用，这就是近代法治国家的模式。尽管"在法律面前人人平等"的准则至今也未能在任何国家不折不扣地完全实现，但是这个针对封建特权的口号体现了善良的愿望，是理想主义的口号。实践证明，在近代国家"法治"取代"人治"的进程中，制度和主导思想方面存在的弊端是真实的但并非主流。

（三）自主意志的公民取代受制于人的臣民

在中世纪前期的欧洲，诸侯并存，混战不已。随着战争胜负的变化，各国疆界也常无定局，这使普通百姓的国籍也不时改换。当时只有基督教是普遍的信仰，影响至深。这种基督教普世主义成了人们的希望、依托和慰藉。因此，那时的人们在给自己定位时，总是这样排列：第一，自己是上帝的仆人，从属于上帝；第二，自己是某地甚至某村之人，却不知或不看重是某国人。狭隘的地方主义远胜于国家观念。到15、16世纪，西欧各国绝对君主制建立，实现了国家的统一；各国君主也掌握了本国宗教事务的大权。从那时起，将忠君与爱国、国家观念与王权至上联结在一起，人们才有了国家的观念，将国籍排到了定位的前列。但是，人们又都毫无例外地成了国王的臣民，要效忠于人，受制于人，缺乏独立的人格。

在近代社会里，主权在民取代主权在君，实行代议制度，原来效忠国王及领主的群众，此时第一次有权参与国事，有权投出选票，破天荒地体味到自己有了平等的身份，意识到了自身的价值。于是，人们去争取和运用自己的公民权利，努力去完善自我，加强了参与意识和社会责任感。公民意识取代传统臣民观念所带来的人的精神觉醒，在历史上是一次划时代的人的解放，必将转化为推动社会前进的巨大活力。

上述三条是从古代到近代社会转型的最基本的内容，也是认识和理解近代社会的最基本的要点，还是评价近代时期历史现象的重要依据。根据这些特征，可以把近代历史划分为如下三个时期：第一，手工工场时代，从16世纪到19世纪初；第二，蒸汽时代,从 19 世纪初到 19 世纪 70 年代;第三,进入电气时代,[①]从 19 世纪 70 年代到 20 世纪初。

二、近代初期的世界:资本主义手工工场带来的社会变化,世界整体化的启动

15 世纪时,展现在人们面前的是三种文明并列的世界,即:存在于中南非洲和整个美洲的早期文明,属于上古时代的文明;存在于东亚、中东和东欧的传统文明,基本上是封建时代的文明;存在于西欧的改革文明,是伴随资本主义萌芽兴起的新式文明。到 16 世纪,西欧崛起,先已发生的文艺复兴运动更加蓬勃发展,把人们从中世纪神学的桎梏中解放出来,确立了西方文化的人文主义传统,诞生了大批世俗文化大师。宗教改革运动兴起,建立了适应资本主义发展的新教,完成了西方宗教文化的近代化改革。地理大发现和新航路开辟后,兴起罪恶的黑奴贸易和篡改"丝绸之路"性质以掠夺东方国家从而进行资本原始积累的活动,并由此而引发了一场商业革命;重商主义政策逐渐成为西欧各国的基本国策之一。早期殖民扩张发展迅速;尼德兰革命的胜利,缔造出世界上第一个资本主义国家。所以,西欧的崛起对美洲、非洲的早期文明和亚洲的古老文明产生了极大的打击摧毁的消极作用。

---

① 这里用"进入"电气时代,是因为电气时代一直延续到 20 世纪中叶,近代时期只是它的早期阶段。

不过这时资本主义还处在资本原始积累和工场手工业时期，世界上也只有荷兰、英国、美国、法国四个资本主义国家，其余国家和地区还处在前资本主义的发展阶段。但是，资本主义的阵地虽然狭小，却已经成为当时历史发展中的主潮流。前资本主义诸形态的衰亡和资本主义的壮大，已是人类文明演进中不可逆转的大趋势。

在这个资本主义的童年阶段，从经济上看，工业资本和商业资本还没有明显分开，基本上是商业资本控制工业资本。作为早期资本主义象征的手工工场，无论是分散的简单协作还是集中的手工工场，都是商人开办和经营的。资产阶级就是由商人组成的，他们掌握着生产与销售的全过程。其中的一部分大商人通过为国家包税和购买国债，以及向私人放高利贷等活动，成为财界巨子，形成金融资产阶级，他们主要由包税人和银行家组成。这些人同时经营工商业，他们中大部分人用其盈利购买土地以及贵族头衔。金融资产阶级是资产阶级中经济实力最雄厚的阶层。总之，商业资本控制工业，金融资产阶级在整个资产阶级中占居首位并成为代表势力，是早期资本主义的一大特点。

上述现象并不意味着工商业不够发达，而只是说工业是由商业资本控制的。实际上，那时的工商业发展很迅速，日渐繁荣。英国的呢绒工业称雄世界市场，造船、玻璃、印刷、造纸等新兴工业也甚为兴旺。法国的采矿业和冶金业在17—18世纪处于欧洲领先地位，丝织业和奢侈品工业蜚声国际市场。建立了大型海外贸易公司的西欧的巨商富贾奔走往来于世界各地，开辟市场，霸占殖民地，攫取了巨额财富。17世纪，特别是18世纪的重要国际战争，几乎都是为了争夺殖民地、市场及原料产地的商业战争。

商品经济的发展使货币的作用急剧加强,日益成为财富的重要标志,从而改变了人们的价值观念和价值取向,重商主义由此而盛行起来。

商品经济和市场竞争机制将人的理性即人的思考与判断提到了首位,因而在意识形态领域,以理性为核心的启蒙运动发展起来。17世纪时,荷兰的格劳秀斯、斯宾诺莎,英国的霍布斯、密尔顿以及后来的洛克等启蒙学者,在文艺复兴之后,又以自然法、自然权利、社会契约、分权理论等学说开启民智,促进了人的精神觉醒。在号称"启蒙时代"或"理性时代"的18世纪,一大批法国思想家将启蒙运动推向了顶峰。伏尔泰、孟德斯鸠、狄德罗、卢梭、魁奈等启蒙大师,以天赋人权、人民主权、法制原理、战斗唯物主义、经济自由、倡导科学知识等理论,全面批判和否定了封建主义的王权、神权和特权,并勾画出一幅未来理性社会实际是资本主义社会的蓝图。所以,启蒙运动最终瓦解了欧洲封建统治的理论基石,全面树立起了西方的资本主义思想文化体系。他们的理论还超出了国界,跨越了时代,在人类文明史上写下了闪光的一页。

在政治方面,资本主义将取代前资本主义的强劲势头,雄伟磅礴,势若奔雷。尼德兰革命、英国革命、法国大革命以一浪高过一浪的气势埋葬封建制度,创立资本主义制度,起着划时代的作用。这几场革命都是作为早期资产阶级革命而载入史册的。马克思评价说:"资产阶级在历史上曾经起过非常革命的作用。"[①]

[①] 马克思、恩格斯:《共产党宣言》,载《马克思恩格斯选集》,北京:人民出版社,1972年,第255页。

所谓"早期",是说它们发生在工场手工业时期,有着那个时代的种种印记。它们在背景、目标、任务、阶级力量配备和立法等方面,大多不同于工业革命后的工业资本主义时期发生的同样性质的革命。

从封建主义向资本主义的转变,有共同的规律又有不同的道路,并不存在统一的模式。不过转变的道路大体上分为两类,即革命道路和改革道路。英法等国所走的革命道路是一条较为彻底的消灭封建主义的道路。革命无疑是天下最有权威的事物之一,它势头猛、速度快、少有顾忌、一往无前,使封建势力难以撄逆其锋,大有将敌手一举击溃的威力。同时,作为千军万马齐上阵的激烈运动,革命能使广大群众接受一次洗礼,并使民主、自由、人权等观念深入人心,以至封建制度很难复辟,即使出现复辟,也无法使经济和社会结构完全回复旧观。

改革道路是大多数进入资本主义阶段的国家所必走的道路,经由革命道路进入资本主义阶段的国家毕竟为数不多。这种促成社会转型的改革,基本上是由具有明智头脑和长远目光的原封建统治者推行的,转变过程中并不发生政权易手的问题。与革命道路不同,改革道路温和、缓进,而且一般都是先从经济政策的调整入手,在政治方面则有很大限度。因此,改革道路需要经历较长的过程,对封建制度的改造程度要低一些,会留下相当浓厚的残余,尤其是在政治方面。它的长处在于,改革基本上不会引起大动荡,生产进程和社会生活不会遭破坏或中断。这种相对平稳的特点对生产力起保护作用。

在手工工场时代还没有通过改革道路完成向资本主义转变的实例,但是这条道路的萌芽形式已表现出来,15、16 世纪西欧各国形成的绝对君主制就体现了这一特点,①它们几乎都推行了有利于资本主义发展的重商主义政策。17、18世纪更出现了一些大力进行改革的君主,造成史称"开明君主专制"的现象。这些开明的君主以发展商品经济作为富国强兵的主要手段,着力改革,废除阻碍商品经济发展的旧体制和旧政策,实行推动发展的新措施。法国的路易十四、奥地利女王玛丽亚·特蕾西娅及约瑟夫二世母子、普鲁士国王腓特烈二世等,都是有名的开明君主。推行农奴制的俄国女沙皇叶卡特琳娜二世也自诩为"开明君主"。

在手工工场时代,西欧国家的资产阶级奔走于世界各地,占领了大片殖民地。从这些国家的殖民政策上看,以英荷为代表的殖民者偏重于将殖民地当做自己的商品销售市场和原料产地,以西班牙、葡萄牙为代表的殖民者则以肆意掠夺殖民地的财富为主。这两者都从殖民地攫取了巨额财富,给当地人民造成了深重的灾难,但在殖民统治后果上还有一定区别。在英荷的殖民地出现了一些具有资本主义性质的工商业,从事资本主义经济活动的主要是从宗主国或其他国家过去的移民,而不是当地的居民。在西葡殖民地,这种情况就极为罕见。在英属北美13个殖民地,移民们甚至已开始在形成一个新的民族。

遭受奴役的殖民地人民,包括土著居民和正在形成中的新的民族,都进行了争取民族独立的反抗斗争。在近代早期阶段,欧洲的尼德兰、北美的英属殖民地和拉丁美洲西葡所属殖民地,都

---

① 绝对君主制(Absolute monarchy)通常被译为"专制君主制"。但是这易于与东方国家的皇权专制主义相混淆,并忽视西欧绝对君主制在向资本主义转变中所起的作用以及它的特定概念。马克思、恩格斯在论及它时,也使用"绝对主义"的提法,以区别于东方帝国的专制主义(Despotism)。

以革命手段取得了斗争的胜利,赢得了独立。不过,从结局上看还有不同之处。北美13个殖民地在独立后联合组成了统一的美利坚合众国,而西属拉丁美洲殖民地却分别建立了十几个国家,而且保留了相当浓厚的封建色彩。形成这种差异的根源,就在于商品经济与自然经济的不同。

在手工工场时代末期,欧洲发生了一场震动巨大的国际战争,即通常所说的拿破仑战争。无论对拿破仑及其政权怎样评价,但是拿破仑在当时代表资本主义势力是毋庸置疑的。在他的敌人中,除英国是商业利益的竞争对手之外,其余各国基本上是按照封建王朝的意愿与法国交战。欧洲反法同盟最后打败拿破仑,说明当时即便是在资本主义力量最强劲的欧洲,也还是封建势力更强大一些。资本主义要战胜封建主义,还需要继续增强自己的力量。马克思曾指出:"工场手工业既不能掌握全部社会生产,也不能根本改造它"。[①] 对社会生产尚且不能根本改造,自然也无力改造社会,更谈不上改造世界了。因此,真正战胜前资本主义,主宰全世界,只有在工业革命之后的工业资本主义时代才可能实现。

三、近代中期的世界:工业革命加速世界整体化进程,造成历史大变迁

蒸汽机的应用与工业革命的兴起开辟了近代史的第二个时

[①] 马克思、恩格斯:《马克思恩格斯全集》第23卷,北京:人民出版社,1995年,第407页。

期。工业革命始于18世纪中叶,但仅限于英国。从宏观角度来看,资本主义的工业革命是在19世纪前期展开的。可以说,19世纪的历史是在英国工业革命和法国大革命的影响下开始的。经济上的工业化和政治上的民主化,是19世纪史的两大主旋律。作为这种主旋律的体现,在19世纪形成了起进步作用的自由主义、民族主义和社会主义三股历史潮流。

工业革命以机器生产代替手工劳动,推动生产力飞速发展,既改变着各国的经济结构,也改变着人们的价值观念和择业取向,使整个社会发生了巨大变化。法国大革命创立的人权自由、政治平等的原则以及革命中表现出来的战斗精神,也在新的条件下更加深入人心。自由主义潮流和近代民主化理念就是在这样的背景下发展起来的。

自由主义潮流在继承天赋人权、公民平等、以法治国、分权制衡等启蒙学说的基础上发展起来,从主要反对封建制度进一步演变为管理经济和治理国家的导向性理论。对经济活动和私人生活的不干涉主义、自由竞争学说、功利主义、实证主义等都是其在意识形态上的主要表现。在政治上则集中表现在资产阶级革命与改革运动的高涨。从19世纪20年代到70年代初,这些运动此起彼伏,基本上都取得了成功,这使得一批重要国家由此跨入资本主义时代,资本主义制度在世界上得以确立。而且,随着殖民扩张和殖民地、保护国的迅速增多,一个资本主义世界体系初步形成。将世界连成一体,在人类文明演进中无疑是巨大的突破性的进步。

加强殖民扩张和掠夺是资本主义世界体系得以形成的重要途径之一。为了获得稳定的原料场地和商品市场,殖民者放弃了奴隶贸易,在亚非拉地区不再满足于沿海据点,而是要大面积的占领土地向内陆进军。所以,人类文明每前进一步,必定要付出一定代价,有时是非常沉重的代价。这是规律,无法避免。大片地区遭受殖民统治,就是为世界连成一体这一文明进步而付出的沉重代价,需要用很长的时间去逐步消除。马克思以英国统治印度为例论述了殖民主义的双重历史使命,他指出:"英国在印度要完成双重的使命:一个是破坏性的使命,即消灭旧的亚洲式的社会;另一个是建设性的使命,即在亚洲为西方式的社会奠定物质基础"。这就"在亚洲造成了一场最大的,老实说也是亚洲历来仅有的一次革命"。从这个角度来看,"英国不管是干出了多大的罪行,它在造成这个革命的时期,毕竟是充当了历史的不自觉的工具"。[①] 很显然,资产阶级征服世界的过程,也是改造世界的过程。双重使命便是改造的体现。当然,改造的过程伴随着极为残酷的奴役和压迫,是严重的罪行。应该说,奴役压迫是犯罪,而双重使命则是充当历史的不自觉的工具。破坏传统的古老社会结构,走向西方式的近代社会,是历史的必然,是一场社会革命,促进了从农业文明向工业文明的转变,但是其手段却极为野蛮残酷。这只能证明,历史的辩证法是无情的。

上述现象表明,自由主义潮流是19世纪历史的主潮流,体现着人类社会发展的总趋势。同时,它也激起了另一股潮流,即民族主义潮流。这也与工业革命和法国大革命的影响密切相关。当法国大革命遭到众多欧洲国家武装干涉时,法国人就把法兰西

---

① 马克思、恩格斯:《马克思恩格斯选集》第2卷,北京:人民出版社,1995年,第67—68、70页。

民族的尊严看得无比珍贵,开始有人将法兰西民族称为"世界第一民族"。后来,拿破仑霸占了欧洲很多国家的领土,又激起了这些国家人民的民族主义情感。19世纪欧洲的民族主义运动大多表现为救亡自立、振兴图强和争取国家统一的斗争,而且常常与资产阶级民主运动结合在一起。爱尔兰抗英斗争,波兰民族起义,匈牙利、捷克、罗马尼亚等地的民族运动,意大利驱逐奥地利势力争取国家统一的斗争,以及德意志统一中表现的日耳曼民族主义的精神,都是民族主义历史潮流的体现。

在欧洲之外,以亚洲的民族运动最为突出,这与工业革命的影响直接相关。西方列强加强商品输出、扩大海外市场,霸占更多殖民地,以不平等交易的手段进行掠夺等,激起了亚洲人民的愤怒反抗。印度尼西亚爪哇人民起义、阿富汗人民抗英斗争、伊朗巴布教徒起义、中国太平天国起义和印度民族大起义等,组成了19世纪亚洲民族运动的第一次高潮。这些运动可歌可泣,但由于受到时代的局限,仍属于古代人民反抗斗争的继续,提不出从根本上改造社会的方案,领导者也是农民领袖或封建王公。待到殖民地半殖民地民族资本主义产生之后,旧式的民族运动才会转化为新型的运动。

另一股社会主义的历史潮流由国际工人运动和社会主义运动组成,这是工业革命的直接后果。由机器生产的工厂制中诞生出来的产业工人形成了一个新的阶级即无产阶级。无产阶级与手工工场工人不同,劳动的条件与环境以及完全依靠出卖劳动力为生的状况,造就了他们的革命性、纪律性和团结精神。他们从一诞生便开始了反抗斗争。蒸汽时代工人运动的典型事例有里昂工人起义、英国宪章运动、巴黎工人六月起义、英国工联主义运动、全德工人联合会的活动、第一国际的活动、德国社会民主工党（爱森纳赫派）的建立、巴黎公社革命，等等。不过，在19世纪30—40年代的工人运动中，参加者还包括为数众多的手工工人，甚至他们还成为了主体。里昂的起义工人几乎都是手工工人，宪章运动中手工工人也占大多数。当时的人们并没有将产业工人与手工工人区分开来。

这一时期的工人运动基本上都具有自发性、暴力性和政治斗争的特点，这是当时的社会条件造成的。工人阶级刚刚诞生，组织程度不高，自发性斗争就更多了。第一次工业革命时期，资产阶级还主要采用延长工时、压低工资、增加劳动强度、雇佣童工女工等榨取绝对剩余价值的手段，在政治上也未进行改革，仍以高压政策为主。因此，愤怒的工人一旦起来反抗，便具有了暴力倾向和争取政治权利的强烈要求。

这种政治性的以暴力斗争为主的工人运动，都发生在资产阶级改革与革命的时期，客观上起着自由主义潮流中左翼的作用，促进了社会改造运动。当时的情况表明，工人阶级已成为一支独立的政治力量登上了历史舞台。但是，他们所提出的要求基本上没有超出资产阶级民主主义的范畴。工人运动实际上主要是自由主义潮流的一种辅助力量。有着这些特点的工人运动全部遭到了镇压，并没有成功的事例。这表明，这样的斗争还难以引导工人阶级求得解放，运动还需有新的发展。

社会主义的学说早在工人运动之前就已产生，但还未能成为一种社会思潮，只是极少数人提出的设想。工业革命产生的强大的冲击波，使社会阶级结构发生了重大变化，特别是手工工人和小资产阶级受影响最大，或失业破产，或状况危殆，从而惶惶不可终日。这就引起大批有识之士的深思,从而努力去探索改造社会的方案。于是各种社会主义流派应运而生,空想的、小资产阶级的、无政府主义的学说蜂起流传,都打着社会主义的旗号。随着工人运动的崛起,无产阶级显示了巨大的革命性,个别天才人物开始把改造社会、实现理想的希望寄托在无产阶级身上。马克思和恩格斯总结和吸取人类知识的精华,发现了辩证唯物主义、历史唯物主义的原理,揭开了资产阶级榨取剩余价值的秘密,将社会主义从空想发展为科学。从当时的实际情况来看,科学社会主义也只是各种社会主义流派中的一种,但是它所阐述的真理却日益广泛传播开来。各种社会主义流派很快在工人中产生了重大影响,从一种思潮转化为社会主义运动,形成一股历史潮流。

1848年《共产党宣言》的发表是科学社会主义诞生的标志。19世纪中叶,马克思、恩格斯在总结1848年欧洲革命经验的基础上不断发展自己的学说。1867年《资本论》第1卷发表,马克思主义的三个组成部分更加完整、丰富地发展起来了。随着资本主义世界体系的初步形成,各国工人运动也出现了相互支援的趋势,而且与社会主义相结合的程度也在加深。第一国际就是在这种情况下建立的。巴黎公社体现了这一阶段工人运动的主要特点,并创造了打碎旧国家机器、建立工人阶级政权的新经验。

19世纪是西方文化空前繁荣和大发展的时期,是世界文化前进的代表。在哲学领域,德国古典哲学和英法实证主义哲学将人们的认识水平提高到新的境界。例如,康德的认识论、黑格尔的辩证法、费尔巴哈的唯物主义、孔德的实证主义等,都有深远而广泛的影响。在文学艺术领域,浪漫主义以对抗古典主义的姿态登上历史舞台。英国的拜伦、雪莱,法国的雨果,德国的海涅等诗人、文学家对资本主义的革命与改革热情歌颂,对社会的阴暗面尖锐地批评。在音乐美术领域,浪漫主义作家对古典主义的过分重形式、规范、死板模式的风格提出了批评,主张要有个性和动感。如果说 17 世纪西方音乐的最高水平是意大利歌剧,18 世纪是以巴赫、海顿、莫扎特为代表的德国和奥地利的交响乐,那么 19 世纪世界音乐的最高水平是贝多芬、舒伯特、舒曼等音乐家的浪漫主义作品。他们用多种形式抒发音乐家的内心情感,实现音乐对人的心灵的感动。

四、近代后期的世界:第二次工业革命开始后的历史新征兆,世界整体化走向形成

19 世纪最后 30 年,西方各国没有发生任何革命,处在和平发展时期。正是在这段时期里,几个主要资本主义国家在经济、政治和继续征服世界等方面,都得到了巨大发展。为这一发展提供物质基础的是第二次工业革命。

随着世界市场的扩大,市场竞争更加激烈,仅仅依靠延长工时和扩大生产规模已经难以适应形势发展的要求。提高市场竞争力的根本出路在于大幅度提高劳动生产率,而这就必须依靠科技投入。19 世纪自然科学研究取得的一系列突破性成就,为经济发展的这个要求提供了科学基础。化学中原子论、元素周期表、人工合成有机化合物等新成就,物理学中电磁、X 射线、放射性等的发现,都是创造性的突破性成果。这些成就开辟了科学研究的新领域,冲击着经典物理学的某些传统定律,为以相对论和

量子论为标志的现代物理学开了路。其中,电学的发展更有不可估量的影响。

新的发明创造不断涌现出来,直接应用到生产上,便促成了第二次工业革命。这次工业革命的一个突出成果是电气工业的建立与发展,人类社会由此进入了电气时代。另一个突出成果是内燃机的发明和应用,它引起了一场交通革命,缩短了世界各地的距离。第三个突出成果是化学工业的大发展,不仅发明了生产纯碱、硫酸两大基本原料的新方法,而且以煤焦油综合利用为条件促进了有机化学工业的发展,还发展了人造化学工业。化学工业还使火药制造技术大为改进,并且推进了对一些传统工业部门特别是钢铁工业的技术革新与改造。第二次工业革命发生于少数主要资本主义国家,使它们的工业迅速转变为以科技投入作为首要因素的新模式。1900年,美、德、英、法四国的工业产值占世界工业总产值的72%,生动地证明了"科学技术是第一生产力"的原理。

生产力的巨大发展,尤其是电气工业、汽车制造业、石油化学工业等新型工业的建立与发展,必然要求生产关系的调整。生产关系必然要适应生产力发展的规律,使垄断组织应运而生。垄断组织的形式有多种,最典型的是若干企业在产业和经营权上的联合,形成系列化的生产与销售体系,实行科学的统一管理。显然,这是一种新的经济联合体,是超大型企业或企业群,与以往的独家企业大为不同。垄断的形成是生产力发展所要求的,反过来又进一步促进了生产力的发展。这种以科学技术为依托,以提高劳动生产率为主要竞争手段,以垄断为生产组织形式的经济模式,实际上就是现代经济的模式。进入垄断阶段是资本主义走向成熟的表现。

第二次工业革命产生的作用和影响远比第一次要大得多。首先，科技应用日益广泛，甚至渗透到人们的生活之中，如电器的使用。这就对普通劳动者的文化知识提出了更高的要求。一些国家推行初等免费义务教育制度，就是在这种背景下出现的。随着文化程度提高而来的是人的素质和思考能力的提高。于是，公民参与意识和对人的价值与地位的认识明显加强了。其次，伴随垄断经济的发展，各种社会利益集团的分野更加明显，垄断集团、非垄断的中小企业、农业群体、人数骤增的工人阶级、公务人员、自由职业者等，各有愿望与要求，既互有矛盾又相互依赖。这就使社会矛盾趋于复杂，政治见解也异彩纷呈。

上述情况对国家职能提出了新的要求。除去传统的捍卫国土与主权、对外扩张和镇压内部反抗之外，国家职能还需要在管理经济、调节社会各种矛盾方面发挥作用，制定政策。在调节矛盾方面，从当时美、德、英、法、俄、日等几个主要资本主义国家的情况来看，采取的方式是大不相同的。美、英、法基本上采用的是政治民主化的方式，德、俄、日则是专制主义方式。民主政治的表现主要是实行政党政治、开放公民参与和广泛的新闻自由、健全代议制度、定期选举、自由竞选、胜者执政，这就为各类利益集团和公民个人提供了经常发表政见和表达意愿的机会和场合，不致酿成动乱，保持了社会稳定。专制主义道路则表现为执政者以官方意志强加于全社会，以高压手段维持局势的稳定，限制公民的自由。

调节矛盾采取方式上的巨大差异是由各国国情不同所造成的。美、英、法都是经由一场大规模的资产阶级革命而进入资本主义时代的，对封建制度和古老传统的改造比较彻底，也使普通群众经受了革命洗礼,人权自由、民主参与的意识较为深入人心。而德、俄、日是通过改革或上层的革命进入资本主义时代的,保留了大量封建残余,民众的传统观念也较少得以改变。政治民主的模式实际上已是现代资本主义国家的政治模式。而专制主义模式只能得逞于一时,它可以在一段时间里推行,而且能够促成经济快速发展,但是不可能长久维持下去。

随着资本主义向垄断阶级过渡,资本主义世界体系也最终确立。19世纪末期,列强召开柏林会议商讨瓜分世界问题,整个世界几乎都处在资本主义统治或控制之下。与此同时,各资本主义国家纷纷将"剩余资本"输出国外,在殖民地开办企业或采取贷款食利并攫取特权的方式。这就加快了世界的资本主义化,并形成一种世界经济,即有着内在有机联系的世界性的经济格局。

在意识形态领域,由于资产阶级已取得完全的统治地位,更看重稳定秩序,所以宣传稳定、渐进、强化秩序和加强竞争的各种思潮盛行起来。社会达尔文主义、尼采的权力意志学说等成为一种时尚。曾一度盛行的叔本华的带有某些悲观色彩的反理性学说则黯淡下来。赞美资本主义制度的奥地利学派与历史学派的经济学说也颇为流行。

这一时期,工人运动和社会主义运动也发生了不少变化。随着新经济模式的形成,工人阶级的生活状况得到了相当大程度的改善,就业人数也大幅增加。另外,当年流血牺牲去争取的选举权、集会结社权、罢工权利等政治权利,此时随着各国政府的改革,大多已经实现。基于条件的改变,工人运动那些往昔的特点逐渐消失了,取而代之的是觉悟程度和组织程度的提高,工人政党和工会组织大量建立;合法斗争发展,积极参加议会选举,利用议会讲坛;经济斗争成为主要方式,以争取8小时工作制为首要口号的各种要求成为罢工斗争的主要目标;多次合法斗争、经济斗争取得了胜利或争得了较大程度的成果。如此等等。工人阶级已经成为资本主义社会中公认的一支力量。

社会主义思想也在起变化。马克思主义进一步发展与传播,恩格斯的《社会主义从空想到科学的发展》一书被译成10种语言广泛发行。一批接受马克思主义的工人领袖成长起来,成为工人运动和社会主义运动的骨干力量,如倍倍尔、李卜克内西、拉法格等。俄国则有列宁结合国情发展了马克思主义。与此同时,西欧的一些社会主义者鉴于形势与条件的变化,开始阐述了一种稳健、渐进、温和的主张,先是以英国的费边主义为代表,后来在西欧、北美大为流行。德国的伯恩施坦主义和考茨基理论、法国可能派的主张等,都是这一思潮的典型表现。这一思潮着重宣传"和平长入"社会主义,反对暴力革命;主张接受和运用资产阶级民主主义的传统;重视在现实中能够争取到的实际成果以改善工人状况,但忽视社会主义的远大理想。如此等等。这一思潮中有许多荒谬的东西,也有不少正确的观点。当时,接受这种宣传的工人政党和工会组织占多数。

19世纪末20世纪初殖民地半殖民地国家的民族运动有了较大发展。列强资本输出所建立的一批近代企业,破坏了殖民地半殖民地国家的自然经济,造成大批人家破人亡,并掠走了巨额财富。然而,列强资本在当地又是新鲜事物,远比传统手工业先进和优越。这些企业雇佣的工人,成为当地最早诞生的产业工人。于是,仿效这一模式的当地企业也开始兴办,从而产生了民族资本主义,根源于此,民族运动也开始向新的类型转化。新型民族运动就是指民族资产阶级领导的资本主义性质的运动,运动摆脱旧的模式,提出了资本主义性质的改造社会、独立自强的纲领。亚洲的觉醒,拉美墨西哥、古巴的革命,埃及的抗英斗争,都具有这种性质。但是旧式的运动仍然在继续,非洲大部分地区就是如此,亚洲的朝鲜等地也是如此。这种新旧并存的局面还会持续一段时间,但不会太久。

19世纪最后年代的世界文化,特别是西方文化,随着资本主义社会危机与矛盾的涌现,也发生了大的变化。非理性主义哲学出现了,叔本华、尼采的唯意志论盛行,为帝国主义的侵略扩张制造理论。发端于1871—1874年间在哈佛大学所建立的"形而上学俱乐部"的实用主义哲学开始流传世界,它宣扬"能满足我的需要"就是真理。在文学艺术领域,批判现实主义潮流兴起了。法国的司汤达、巴尔扎克,英国的狄更斯,美国的德莱赛等都深刻地批判了资本主义社会的黑暗。在美术领域,印象主义画派的兴起也具有代表意义。他们在取材上不再以历史或宗教题材为主,而是注重下层社会普通民众的生活与自然风光,在手法上重视光和色的作用。莫奈的画作《日出·印象》震动艺术界,印象主义由此得名,其理念也影响了诸多艺术领域。

从整个国际形势来看,尽管资本主义在第二次工业革命后进入成熟阶段,但是经济的巨大发展也带来了生产过剩和产生销售危机的难题。于是,争夺市场和重新瓜分殖民地的争斗愈演愈烈,最终酿成了第一次世界大战。进入20世纪,世界整体化形成了。[①]

---

① 张象对此文有多处修改补充,刘先生仙逝前曾几次致信希望这样做。

世界近代史学科发展述要[①]

赵士国

世界近代史是一门断代史学科,是世界通史的一部分。它的萌生与发展是与世界通史学科联系在一起的。在我国,《西洋通史》曾是《世界通史》教学与研究的主要内容。《西洋近代史》即讲述文艺复兴后的欧美史,曾经成为我国世界近代史学科的主体。新中国建立前后,国内外形势的变化和马克思主义在我国史学领域居于指导地位,使得《西洋史》名称被抛弃,正式有了《世界近代史》的名称,该学科也就伴随着新中国的发展而成长起来了。

一、1949—1978年间的学科状况

1917年十月革命后,苏联史学家着手用马克思主义历史观探索世界史问题。从1934年起,苏联的大中学校都设置世界近代史课程,并编写了教材。我国要建设在辩证唯物主义和历史唯物主义指导下的《世界近代史》学科,借鉴苏联经验和成果是一条捷径,加之建国初期我国奉行"一边倒"的外交政策,就更加重了"学苏联"的氛围。

[①] 本稿经张象审改,故与赵士国同负文责。

还在新中国成立前,我国学者就已着手翻译苏联的世界史著作。1949—1950年出版的几种著作对我国世界近代史教研工作的开创帮助很大,例如弗·鲍爵姆金主编的《世界外交史》(叶文雄等译),其中3、4、5部分讲近代史,颇有参考价值。又如古柏尔主编的《殖民地、保护国新历史》(吴清友译)上卷,讲述1789—1918年的内容,这在《西洋史》中是很少见到的。20世纪50年代中后期,由苏联科学院主编的《世界通史》(10卷)和各种断代史、国别史著作的大量译出,就更丰富了对苏联世界近代史学科的学习内容。例如苏联科学院历史研究所主编的《近代史教程》(5卷)、叶菲莫夫的《近代世界史教程》上下册、波尔什涅夫等的《新编近代史》(第1卷)等。来华讲学的苏联学者的讲义也被译出,例如尼基甫洛夫的《世界通史讲义》(3卷)、科切托夫的《东南亚及远东各国近代现代史讲义》(3卷)等,这些著作对我国近代史的创建是有积极贡献的,但也带来史学领域中教条主义的消极影响。

我国史学家在译介和采用苏联世界史著作的同时,也着手编创有自己特色的世界近代史教研读物,这项工作首先是从改写中学的世界史课本入手。1951年1月人民教育出版社出版了《初级中学外国历史课本》(1949年版),共有六章:

第一章,古代的文明世界;

第二章,封建主义统治下的世界;

第三章,十七、十八世纪的资产阶级民主革命;

第四章,十九世纪资产阶级的发展与无产阶级革命运动的勃兴;

第五章,第一次帝国主义大战与无产阶级革命的伟大胜利;

第六章,法西斯主义带来第二次世界大战。

这样的体系反映了"厚今薄古"、突出人民革命的特点,也规定了世界近代史在整个世界史教学中占有的地位。[①] 1951年,林举岱先生将其原著《西洋近代史纲》改写为《世界近代史纲》,由人民教育出版社出版,供高中外国史教学之用。

高等院校的世界近代史教学起初均由各校教师自行处置。中国人民大学外交系世界史教研室于1953年在《新建设》第7—9期上发表的《世界近代史与现代史提纲》颇有影响。1956年,教育部组织了编写该课教学大纲的工作,对统一和提高各文科院校的世界近代史教研起了指导作用。1958年,多所院校自编世界近代史讲义,并注重要有中国特色。20世纪60年代初,《光明日报》等报刊组织开展了关于世界史学科体系问题的讨论。不少历史学家用马克思主义的唯物史观,对长期以来流行的"欧洲中心论"进行批判。例如,吴于廑著文《时代和世界历史——试论不同时代关于世界历史中心的不同观点》,揭示了"欧洲中心论"的本质,是"用欧洲的价值观念衡量世界"。他主张,"一部名副其实的世界史,无疑必须体现世界的观点"。[②] 周谷城在《史学上的全局观念》《迷惑人们的"欧洲中心论"》等文中批判了西方史观,但他认为在文化的发展传播方面,世界近代史时期"欧洲的中心作用"不应全然否定。[③] 1962年,史学家周一良、吴于廑主编的《世界通

[①] 《新中国中小学教材建设史(1949—2000)研究丛书·历史卷》,北京:人民教育出版社,2010年,第35—36页。

[②] 吴于廑:《时代和世界历史——试论不同时代关于世界历史中心的不同观点》,《江汉论坛》1964年第7期。

[③] 于沛:《当代中国世界历史学研究》,中国社会科学出版社,2012年,第46页。

史》由人民出版社出版,共4册,其中近代史两册,占一半篇幅,这套书不仅代表了我国世界史教学与研究的新水平、新理念,对世界近代史学科来说,它也是代表作。它的编写宗旨、分期体系和对诸多历史问题的评述,都产生了很大的影响。

综观新中国成立后我国世界近代史的教学与研究,有如下一些新的特点:

其一,重视人民革命运动在历史上的作用,特别是将国际工人运动写入世界近代史之中,从英国宪章运动到第一、第二国际建立,这在过去的《西洋史》中是罕见的,为此编译了文献资料,此外还围绕纪念巴黎公社等项活动发表有大量著述。[①]

其二,为了突破"西欧中心论",重视研究亚非拉历史,特别是亚非拉反殖民主义的斗争史在世界历史中的地位。例如:1958—1961年南开大学世界史教研室的老师们集体编写了6本有关亚非拉的书;季羡林先生对印度、纳忠先生对埃及、李春辉先生对拉美的著述;杨人楩在北大开讲《非洲史》。上述著述和教学都颇有水平,诸多学者克服资料匮乏、可供借鉴的成果很少的困难,对亚

---

① 诸如中国人民大学出版社1952—1958年出版该校马列主义教研室编写的《国际共产主义运动史料汇编》,商务印书馆1962年翻译出版苏联编写的《巴黎公社史料辑要》,三联书店1964年翻译出版苏联编的《第一国际、第二国际历史资料》等。1961年为纪念巴黎公社90周年发表的文章约有40篇。

非拉近代史的研究做出了贡献。①

其三,开始将中国写入世界近代史,并重视中外关系史的研究。周一良、吴于廑主编的《世界通史》前言中就指出:"本书力图通过东方和西方各国历史事件、人物和制度,阐明世界历史发展的主要线索和基本规律",又声称要"论述各时期中国与世界各国的关系"。刘大年《美国侵华史料》(人民出版社,1951年)的问世是这一新动态的起始。

其四,对西方资本主义国家的发展史有新的解读。例如黄绍湘对美国史,林举岱、刘祚昌、蒋孟引等对英国史,王荣堂、张芝联、刘宗绪等对法国史的解读都有新意。"文化大革命"后期出版的《主要资本主义国家经济简史》,简明扼要,对读者了解西方世界也颇有裨益。②

---

① 诸如:季羡林:《1857—1859年印度民族起义》,北京:人民出版社,1958年;王启民等编:《亚洲各国近代史讲义》,济南:山东人民出版社,1959年;范俑编著:《摩洛哥、突尼斯、阿尔及利亚的民族独立运动》,上海:上海人民出版社,1957年;纳忠:《埃及人民反抗拿破仑侵略的斗争与民族的觉醒》,载《人文科学杂志》1957年第1期;金重远:《西班牙美洲殖民地独立战争》,北京:商务印书馆,1964年;邓超:《美国侵略下的拉丁美洲》,北京:世界知识出版社,1957年;刘光华:《美国侵略拉丁美洲简史》,北京:世界知识出版社,1957年;李春辉:《拉丁美洲史稿》(上、下册),北京:商务印书馆,1973年;王辑五编:《亚洲各国史纲要》,北京:高等教育出版社,1957年;朱杰勤:《亚洲各国史》,广州:广东人民出版社,1958年。这些著作重点都写近代史部分。

② 如黄绍湘:《美国简明史》,北京:三联书店,1954年;《美国早期发展史,1492—1823》,北京:人民出版社,1957年;林举岱编著:《十七世纪英国资产阶级革命》,上海:上海人民出版社,1954年;刘祚昌:《英国资产阶级革命史》,上海:新知识出版社,1956年;王荣堂:《十八世纪法国资产阶级革命》,上海:上海人民出版社,1955年;刘宗绪:《法国资产阶级革命》,北京:商务印书馆,1965年;樊亢、宋则行主编:《主要资本主义国家经济简史》,北京:人民出版社,1973年。

二、1978 年以来我国学界对世界近代史体系的新思考

改革开放后，我国史学界拨乱反正、思想解放、观念更新，不仅清除极"左"路线的干扰，而且对以往"学苏联"的负面影响也进行了清理。随着中国与外部世界的交往日益频繁，许多中国学者有机会出国留学、访问，许多国外同行也能来华讲学。史学家们冲破了长期束缚自身思想的教条主义说教，走出误区，突破禁区，广开思路，大胆探索。

在世界近代史学界，首先考虑的是走出"五段论"模式重构世界近代史体系的问题。长期以来，我国世界史体系将苏联史学界的"五段论"（即把人类历史划分为原始社会、奴隶社会、封建社会、资本主义社会和共产主义社会）视作是马克思主义的经典理论而不敢突破，并承袭这一理论作出了历史分期：原始社会、奴隶社会为世界古代史（或称上古）时期，封建社会为世界中世纪史（或称中古）时期，资本主义社会为世界近代史时期，共产主义（含社会主义）社会为现当代史时期。"五段论"的划分法还以阶级斗争为历史发展主线，以阶级斗争的重大事件为界标。这种指导思想的绝对化导致史学家思维模式的定向化和研究方法的僵化。

20 世纪 80 年代，北京大学历史系教授罗荣渠和其他教授在探讨现代化的发展进程和世界历史的演变过程时发现"五段论"的提法并非是马克思主义的观点，他认为："马克思从来没有说过这个序列是各种生产方式演进的'逻辑公式'，它们之间具有'一个产生一个'的历史必然性；更没有说每个民族都按这个序列循

序上升。"①袁林先生指出,这种"五段论"有两个逻辑缺陷:其一,违反了概念划分中每一次划分应当使用同一个划分标准的原则;其二,违反了概念划分中各子项必须穷尽母项的规则,误将各社会形态间的对立(反对)关系视为矛盾关系,忽视了他们之间中间类型或过渡时期的存在。②

从1978年起,武汉大学吴于廑教授就根据马克思、恩格斯的世界历史观提出世界史在讲述社会纵向发展的同时还要考虑从分散到整体的横向发展。根据这一思路,刘祚昌、王觉非主编了6卷本《世界史·近代史卷》(高等教育出版社,1992年)。该书以公元1500—1900年为期,讲述这一时期世界历史演进、嬗变的整个过程,这是我国世界近代史体系构架的一个创新。该体系从宏观的视角考察世界各个地区、各个国家是如何打破隔绝状态,最后形成一个互相倚仗、互相影响的整体。该体系把这一过程分为四步:第一步是地理大发现打破了世界彼此隔绝的状态,实现了彼此之间的直接接触;第二步是由于西欧国家的海外扩张和海外殖民地的建立,到1760年前后欧洲与这些殖民地之间已形成密切的经济关系,世界各地区间的联系进一步加强;第三步是由于工业革命使英国成为"世界工厂",至1850—1870年间,形成了以英国为中心的世界市场,世界各地区之间的联系继续加强;第四步是1871年以后,由于资本主义垄断组织的形成,导致列强瓜分世界的狂潮,资本主义势力伸到世界各个角落,到19世纪末,世

---

① 罗荣渠:《现代化新论》,北京:北京大学出版社,1993年,第119—120页。
② 袁林:《五种社会形态说的逻辑缺陷与马克思恩格斯的社会形态演化思想》,《史学理论》1988年第3期,第166页。

界已形成为一个互相联系、互相渗透、互相影响的整体。

刘宗绪在1986年主编的《世界近代史》教材致力于走出史学研究以阶级斗争为纲的误区,而代之以生产力发展为主线构建世界近代史的新体系。1991年,他再次主编出版《世界近代史》,将其理论系统地贯彻于新的教材体系中,令世界史工作者耳目一新。该书以生产力发展为标准,以工业化为主线,以社会经济史为重点,来编排章节纲目。他界定:"世界近代史是资本主义制度产生、确立、发展和基本定型时期的历史。正是在近代时期,资本主义制度逐步取代封建制度,又经过自身的发展,终于形成了一个资本主义的世界体系。整个世界就是在这个体系之下连成一气,并且从农业社会进入工业社会,资本主义基本定型之时,也就是世界近代史结束的标志。"他的新版《世界近代史》将400余年近代世界分为三个阶段:

第一阶段:工场手工业资本主义时代(16世纪到19世纪初)。资本主义的商品货币经济在一切领域中猛烈冲击着封建的自然经济所有制。领主和农民出卖土地增多,散布在城市和农村的手工工场,破坏传统的宗法制度,显示出巨大的威力。但是,手工工场的生产能力还不足以改造整个社会,更谈不上改造全世界。

第二阶段:第一次工业革命后的工业资本主义(19世纪初到19世纪70年代)。英国率先开始,法、美、德、俄等国相继展开并完成了工业革命,资本主义制度在全世界确立起来,资本主义世界体系的初步形成。资本主义呈现稳定和发展。

第三阶段:第二次工业革命后的工业资本主义时代(19世纪70年代到20世纪初)。资本主义在经济、政治和继续征服世界等方面，都得到了巨大的发展。以科学为基础的追求提高劳动生产率的经济模式和垄断组织的出现，表明现代意义上的资本主义在经济上已基本定型。

以往的《世界近代史》体系以1871年为界划分为两大段，理论依据是1915年列宁在《打着别人的旗帜》一文中说的："从法国大革命到普法战争；这是资产阶级崛起的时代，是它获得完全胜利的时代。这是资产阶级的上升时期"，此后"是资产阶级取得完全统治而走向衰落的时代，是从进步的资产阶级转变为反动的甚至最反动的金融资本的时代"。① 斯大林、基洛夫、日丹诺夫在《关于"近代史"教科书提纲的意见》中肯定地说："我们认为把近代史分为三部分，是适当的。"即：第一部分，从1789年法国资产阶级革命到普法战争和巴黎公社以前，是资本主义在先进国家里胜利和确立的时期；第二部分，从1870年普法战争和随后的巴黎公社到1917年俄国十月革命的胜利和帝国主义大战的结束；第三部分，从第一次世界大战结束到目前（1934）的时期，这是资本主义国家的战后帝国主义时期，是这些国家的经济和政治危机的时期。② 斯大林的话被当做马克思历史科学的经典反复引用，苏联多次重编世界近代史教材，开端时间虽有变化，但时段分期没有变。我国陆续编撰出版的世界近代史教材也基本遵照这一基调，即世界近代史是资本主义社会形态"由产生、发展走向死亡"或"衰亡""衰落"的历史。上限是1640年英国资产阶级革命，下

---

① 《列宁全集》第26卷，北京：人民出版社，1988年，第144页。
② 《关于"近代史"教科书提纲的意见》，载《斯大林文选》，北京：人民出版社，1978年，第23页。

限是1917年十月革命。其间,以1871年巴黎公社革命为界,分前后两个时期。前一时期是资本主义上升发展时期,后一时期是资本主义开始衰亡、变成反动阶级的时期。

改革开放以后,我国史学工作者对"衰亡论"提出了质疑,大家根据历史事实,发表研究成果,还原历史真实。赵士国认为:"纵观19世纪70年代以来的历史,我们不难发现,这是资本主义世界继续不断发展和繁荣的时期,是加速工业化、现代化、'不发达走向发达'的百年,'是帝国主义的百年'。在这100余年里,经历了两次大的科学技术革命。有科学技术所引起的生产力的巨大发展,使资本主义世界至今仍然呈现出生气勃勃的局面。"[①]针对"垄断资本主义是腐朽的、垂死的资本主义"的论断,不少学者认为,垄断适应了生产力发展的需要,体现了优胜劣汰、以先进改造落后的进步趋向。企业大了,不仅资金充实,更利于技术的改造,而且在管理上也会更讲究科学,超大型企业更有条件设立自己的科研机构和信息网络。进入20世纪以后,资本主义仍在继续发展,自我调整,纠正和克服着垄断资本主义制度的某些弊端,显示它新的活力,故而应该否定"衰亡论"。

通史的综合必须建立在国别史、地区史、专门史的充分研究的基础上,没有这些研究,作为综合学科的世界近代史不可能有新的水平。为此,改革开放以来不少学者为加强这方面的研究做了大量的工作,涌现不少佳作,为世界近代史学科体系的完善创

---

① 赵士国:《垄断资本主义再认识》,《世界史研究动态》1989年第2期,第25、30页。

造了条件。①

三、1978年以来对世界近代史诸多课题的新探讨

改革开放以前,在历史研究中,往往对革命给以极大的关注和重视,充分肯定其历史作用,而对改革则将其作为革命的对立面贬低其地位和作用。在世界近代史教科书中,英法美革命、巴黎公社、俄国革命等,均作为重大事件来描述和评介,而对很多改革事件或不作反映,或轻描淡写地将其作为革命的辅助手段或革命的副产品提及,甚至冠以"欺骗""政治花样"等字眼来进行批判否定。1962年出版的4卷本《世界通史》近代部分,提到的俄国彼得一世改革、奥斯曼帝国的改革、英国1832年国会改革、1861年俄国废除农奴制和日本明治维新等,均未有充分的积极评介。

纵观人类社会,其变迁不外乎两种形式:剧变和渐变。革命是社会的剧变,改革是社会的渐变。革命是自下而上的,其速度如急风暴雨,是一个阶级集团推翻另一个阶级集团的暴烈的行动,依此来实现生产方式、社会结构及思想意识形态的根本性变

---

① 诸如:王治来:《中亚近代史》,兰州:兰州大学出版社,1989年;《中亚通史·近代卷》,乌鲁木齐:新疆人民出版社,2009年;马大正、冯锡时主编:《中亚五国史纲》,乌鲁木齐:新疆人民出版社,2005年;彭树智主编,王铁铮、黄民兴著:《中东史》,北京:人民出版社,2010年;梁英明、梁志明:《东南亚近现代史》(上、下册),北京:昆仑出版社,2005年;杨人楩:《非洲通史简编——从远古至一九一八年》,北京:人民出版社,1984年;金计初:《美洲文明》,北京:当代世界出版社,1999年;张家唐:《拉丁美洲简史》,北京:人民出版社,2009年;林被甸、董经胜:《拉丁美洲史》,北京:人民出版社,2010年。

革与重构。改革是自上而下的,它是由社会主导阶级利用其掌握在手中的权力,按照既定的目标和步骤而推行的社会变革。改革采取的手段一般是和平的,速度是平缓的,它在渐进中对社会构成进行调适和完善,使生产关系适应生产力发展的需要,维护主导阶级的利益。革命和改革常常交替进行,当社会矛盾急剧发展、激化,以至不可调和的时候,革命便不期而至。革命过后,新政权则用改革的手段破旧立新,维护和发展革命的成果。生产力与生产关系、经济基础与上层建筑的矛盾是普遍存在的,改革是解决这一矛盾的经常的手段。显然,革命和改革虽然形式不同,但都是对社会实行改造,推动社会前进的社会运动。

有的学者通过史实研究将世界近代史的改革归纳为四种类型:第一类是"促进型",如彼得一世改革等,具有促进资本主义因素产生和发展的功能;第二类是"过渡型",如俄国亚历山大二世改革,使封建统治阶级本身逐步资本主义化,向资本主义过渡;第三类是"自救型",如日本明治维新是封建统治阶级自身的自救;第四类是"完善型",这是所有资本主义国家都进行过的改革,调整和缓社会矛盾,废除封建残余,完善资本主义制度。①

为了给改革运动正名,学者们指出它有四大作用:第一,在政治、经济、文化等相对落后的国家,通过改革克服落后状态,为资本主义的发展创造了条件;第二,在半封建半殖民地国家,改革加强了中央集权和国家的统一,从而增强了抵御外侮的力量;第三,在封建制度出现危机,而资产阶级力量较为薄弱的国家,改革促进了封建社会向

---

① 徐奉臻:《近代视野中的"改革"与"革命"辨——兼论英法俄德美日六国现代化模式》,《北方论丛》1997 年第 6 期,第 89—90 页。

资本主义社会的逐渐转化;第四,在资产阶级革命成功了的国家,通过改革,进一步为资产阶级民主制度的确立开辟了道路。①

还有学者明确指出:改革是封建主义向资本主义过渡的基本形式之一,是资本主义制度确立后自我完善的主要方式,是资本主义发展过程中自我调节和应变能力的体现,是殖民地半殖民地人民反帝反封建运动的重要手段。② 甚至认为改革有胜过革命的优点,它能避免革命带来的破坏和动乱,能保持社会和平安定的局面,而这种局面是经济发展和文化昌盛的必要条件。③ 目前学界普遍认为"改革"和"革命"一样,都是推动历史前进的方式。于是改革的通史、改革断代史、改革专题史、国别改革史便越来越多了。④

---

① 赵士国:《改革在世界近代史上的作用》,《湖南师大学报》1986年第1期,第82—84页。

② 黄振:《论改革在世界近代史中的地位和作用》,《史学月刊》1987年第1期,第68—76页。

③ 袁景:《重新评价改革在近代历史上的地位——湖北省世界史学会年会侧记》,《世界史研究动态》1986年第8期,第51页。

④ 例如:杨云等主编:《中外近代历史上的改革》,北京:中央党校出版社,1991年;胡厚钧等主编:《中外改革通鉴》,佛山:南海出版公司,1993年;姜桂石等:《改革与现代化——历史经验与现实趋向的探索》,长春:吉林人民出版社,2000年;刘祖熙:《改革和革命——俄国现代化研究》,北京:北京大学出版社,2001年;赵士国:《历史的选择与选择的历史——近代晚期俄国革命与改革研究》,北京:人民出版社,2006年;陶惠芬:《俄国近代革命史》,北京:中国社会科学出版社,2007年;祝曙光:《铁路与日本近代化——日本铁路史研究》,北京:长征出版社,2004年;冯秀文等:《拉丁美洲农业的发展》,北京:社会科学文献出版社,2002年;周钢:《牧畜王国的兴衰——美国西部开放牧区发展研究》,北京:人民出版社,2006年;沈坚:《近代法国工业化新论》,北京:中国社会科学出版社,1999年;许平:《法国农村社会转型研究》,北京:北京大学出版社,2001年,等等。

我国的改革开放是为现代化而启动的,所以现代化便成为世界近代史的热门话题。现代化即工业化贯穿近代史全过程。现代化的准备大体上是在16世纪;现代化的起源大体上从17世纪到19世纪初;现代化的发展大体为19世纪初至1900年;从1900年开始,现代化向全球扩张。20世纪80年代,罗荣渠先生首开先河,把现代化作为世界近现代史上的一个新研究项目进行倡导,得到普遍响应。他的著作《现代化新论——世界与中国的现代化进程》(北京大学出版社,1997年)从宏观史视角把现代化作为全球性大转变过程进行整体性研究。他强调以生产力为社会发展的中轴,运用跨学科的社会科学方法进行探讨,颇有指导意义。北京大学等单位成立了现代化研究中心。钱乘旦在推出其力作《走向现代国家之路》(1987年)后,又主编10卷本的《世界现代化历程》(江苏人民出版社,2010年)。李安山主编的《非洲梦:探索现代化之路》(江苏人民出版社,2013年)对近代非洲的一些现代化初试进行了概述,虽属草创之作,但却填补了空白。

现代化带来城市化的发展,世界近代的城市化问题也随之成为大家关注的热门课题。1991年9月初,中国世界近代史研究会在南开大学举办了该课题的研讨会,并将数十位学者成果汇集成书。① 该书对世界各国近代城市化的起源、进程、道路和特点

---

① 见曹中屏、田仲文主编:《近代世界与城市化》,天津:天津人民出版社,1992年。

进行了较系统的阐述。之后涌现了大量相关著述。①

改革开放前,在世界近代史中重视政治史,忽视文化史是较为普遍的现象。世界近代史教材的后半部分,几乎完全没有文化史方面的内容。为改变此状况,河南大学历史系较早地进行了《世界近代政治思想史》研究。② 周谷城、田汝康主编的《世界文化丛书》(浙江人民出版社,1992年)也陆续出版。汝信主编的12卷本《世界文明大系》于1999—2002年先后出版,这是我国第一部全面系统、客观论述世界各主要文明的跨学科成果。为适应各级教学的需要,各种文化史大量涌现,开创了一个新局面。③

文化问题是与民族问题联系在一起的,民族形成和民族国家的出现成为近代历史舞台上的主要角色。学者们将此作为世界近代史研究的另一新课题是可以理解的。1979年,阮西湖、李毅

---

① 诸如:刘景华:《城市转型与英国的勃兴》,北京:中国纺织出版社,1994年;梁茂信:《都市化时代——20世纪美国人口流动与城市社会问题》,沈阳:东北师范大学出版社,2002年;王旭:《美国城市史》,北京:中国社会科学出版社,2004年;《美国城市发展模式:从城市化到大都市区化》,北京:清华大学出版社,2006年;张广翔:《18—19世纪俄国城市化研究》,长春:吉林人民出版社,2006年,等等。

② 韩承文、徐云霞主编:《世界近代政治思想史》,郑州:河南大学出版社,1991年。

③ 诸如:庄锡昌主编:《世界文化史》(近代卷),杭州:浙江人民出版社,1999年;罗静兰、揭书安等:《西方文化之路》,武汉:湖北教育出版社,1990年;冯承柏等编著:《西方文化精义(人文素质教育教材)》,武汉:华中理工大学出版社,1998年;沈之兴、张幼香主编:《西方文化史》,广州:中山大学出版社,1997年;裔昭印主编:《世界文化史》,北京:北京大学出版社,2010年。又如:纳忠等:《传承与交融:阿拉伯文化》,杭州:浙江人民出版社,1993年;宁骚主编:《非洲黑人文化》,杭州:浙江人民出版社,1993年;姚海:《俄罗斯文化之路》,上海:上海社会科学院出版社,1991年;刘祖熙、孙成木等:《斯拉夫文化》,杭州:浙江人民出版社,1993年;安启念:《东方国家的社会跳跃与文化滞后——俄罗斯文化与列宁主义问题》,北京:中国人民大学出版社,1994年;张建华:《俄国知识分子思想史导论》,北京:商务印书馆,2008年。

夫等著《苏联民族问题的历史与现状》开启了改革开放后研究民族主义的先河。1996年,程人乾在《历史研究》上发表《论近代以来的世界民族主义》,认为民族主义是影响世界近代历史进程的最为活跃、最为持久的因素之一。有关著述相继涌现。① 作为跨国际人群的妇女儿童史也开始受到重视。② 在环境问题日益严重的今天,环境史的研究异军突起,备受史学界瞩目。该问题从近代开始,成为世界近代史研究的新课题。③

历史人物的评价是历史研究中必须面对的问题,而在以往对历史人物的评价上,简单化和绝对化倾向比较严重。例如,拉法叶特是法国革命中的重要人物,但因为他出身于贵族,对他的评价便是简单地加以否定,而事实是他从1789年大革命爆发到1830年7月革命胜利,在40余年中,始终如一地坚决反对封建专制君主制,他是著名的《人权宣言》的起草人,是当之无愧的资产阶级革命家。"绝对化"是不看人物所处的复杂历史环境,对其作绝对的肯定或绝对的否定。如谈到俾斯麦,就说他"是普鲁士

---

① 诸如:李宏图:《西欧近代民族主义思潮研究》,上海:上海社会科学院出版社,1997年。向卿:《日本近代民族主义(1868—1895)》,北京:社会科学文献出版社,2007年。

② 俞金尧关注儿童史、妇女史的研究。他在《历史研究》2000年第5期上发表《中世纪晚期和近代早期欧洲的寡妇改嫁》,2001年在《中国学术》第4期发表长篇论文《西方儿童史研究四十年》,同年在《外国社会科学》第5期上发表《儿童史研究及其方法》等。

③ 1995年,侯文蕙出版我国第一部研究外国环境史的专著:《征服的挽歌:美国环境意识的变迁》,东方出版社出版。梅雪芹2004年出版《环境史学与环境问题》,人民出版社出版;2006年在《世界历史》第6期发表《论环境史对人的存在的认识及其意义》等。

容克贵族最反动的政治家",他致力于德意志的文治武功和为求社会稳定而采取的社会保险政策,统统都是反动的。为了杜绝"简单化"与"绝对化",改革开放之初,世界近代史学界进行了有益的探索。由朱庭光主编的《外国历史名人传》(中国社会科学出版社、重庆出版社,1981年)是一部包含有7个分册的大型工具性人物传记著作,寓褒贬于叙事之中,给人以耳目一新之感,其中近代部分所述历史人物230余人,这些人不再是干瘪苍白的逝者,而是有血有肉的历史人物。在这以后,陆续出版的各种历史人物传记,都尽力做到实事求是,誉人不增其美,对反面人物,亦不刻意歪曲、丑化。①

---

① 诸如:李元明:《拿破仑传》,北京:中国社会科学出版社,1984年;陈崇武:《罗伯斯比尔评传》,上海:华东师范大学出版社,1989年;李永昌:《末代沙皇——尼古拉二世传》,成都:四川人民出版社,1997年;刘祚昌:《杰斐逊全传》(上、下卷),济南:齐鲁书社,2005年,等等。

世界现代史新体系解读概要

张象

一、世界现代史的宗旨和基本特征

世界现代史是世界通史的最后部分，它的宗旨要与通史的其他部分保持一致，都要综合性地讲述全世界居民已经过去并稳定了的生产生活及交往活动的经历，而不是像现状学科那样去探讨人们正在活动的现况和遇到的问题。世界现代史属于全球史，凡是对整个世界有影响的事件、人物和力量都要给予关注。在这一点上，中外学者们的意见是一致的。但如何选择它们安排体系，评述功过，由于学术立场、观察视角和价值观的不同，产生的差别就大了。我们这里根据马克思主义的世界整体史观处理问题。

第一，这是迄今为止人类社会生产力发展水平最高阶段的历史。马克思主义强调生产力是历史发展的基本动力，现代时期科学技术已从一般生产力发展为第一生产力，其广度、深度、数量、质量及社会应用与作用都是远胜过以往时代。所以，世界现代史研究要更加关注现代科学革命、现代技术革命及产业革命的作用，把此课题摆在首位。

第二，世界现代史应将讲述世界整体化的形成、发展及向全球化的过渡作为宗旨。马克思主义的世界史观认为,人类历史是一个从分散到整体的过程。15、16世纪是整体化的起点,18世纪中叶开始大步启动,19世纪末20世纪初世界整体化形成,从而拉开了现代史的序幕。世界整体化形成后,开始发展并向全球化过渡,20世纪末期先从经济的全球化表现出来。整体化、全球化都使人类的交往更加的频繁。历史上的交往方式是和平与暴力两种,20世纪的战争与革命,和平与发展的重大事件是我们教研的重要课题。

第三,世界现代史还应将陈述世界各国的现代化(即工业化)和后现代化(即信息化、后工业化)作为教研的主旨。因为马克思主义的世界史观认为世界史要讲述人类横向与纵向两种发展进程,人类物质生活由农业化向工业化过渡,进而向信息化过渡,是历史纵向发展不可忽视的重要内容。

第四,世界现代史要讲述社会主义如何从理论走向实践,如何突破资本主义制度的一统天下,从而诞生出社会主义国家。这是以往历史没有的新变化,也是历史纵向发展不可忽视的内容。新生的社会主义国家常常诞生在落后地区,是资本主义世界体系的薄弱环节。所以它在相当长的时期内是处于"初级阶段",它不可能立即改变资本主义世界体系和所有资本主义国家的制度。两类国家、两种制度的和平共处将是长期的,两种思想文化和价值观的对立交流也是世界现代史中不能回避的内容。

第五,现代世界文化空前繁荣,丰富多彩,已经成为现代人类活动的重要领域。作为通史的现代史必须作出综合,以便让人们对现代世界有全面认识,树立整体世界观。

基于上述认识,笔者认为世界现代史的教学与研究,应按照

"时间带"①分为三大单元或三个时期进行。

二、第一时期：世界整体化态势的形成（20世纪初至30年代末）

当历史车轮驶入1900年时，仅这一年而论，就有诸多迹象使人感到一个新时代的来临。例如，这一年巴黎举办世界博览会，展品琳琅满目，有西方的科技新产品也有东方著名的农矿产品，反映了垄断资本主义确实将东西方联系在一起，真正的世界经济开始形成了。走出博览会是有史以来最严重的一次世界性经济危机，西方诸国工人运动高涨。第二国际这一年在巴黎举办大会，开始讨论工人阶级如何取得政权的问题，社会开始表现出前所未有的动荡。再看东方，同年7—8月"八国联军"进北京，镇压义和团爱国运动，殖民者这样的大联合行动还是第一次，反映了世界殖民主义体系形成了。是年，第一次泛非主义会议在伦敦召开，受殖民主义压迫最深重的非洲黑人民众也从美欧地区开始醒悟了。至于"亚洲觉醒"的事件就更多了。自由资本主义转向垄断资本主义之后有着繁荣与危机，发展与腐朽两种趋势。上述这一系列的事件，说明殖民主义体系的危机开始了。总之，无论是横观世界，还是纵观世界，进入20世纪后，世界确实发生了历史

---

① "时间带"是笔者曾提出的一个概念，指相关联的一系列国际事件相继出现，构成一个"时间带"，几年或者十几年，可用此表示世界历史阶段，比单用某一年某一事来分别更实际。

性的巨变。这一时期世界整体化态势表现为如下六个方面：

(一)现代科学革命的兴起和第二次技术革命产业化的新发展

科技革命有三步走：首先是科学革命，表现为在科学理论上有大突破；然后是技术革命，表现为新发明应用于生产实践；最后是产业革命，表现为生产力的提高及由此带来的社会的大变化。世界近代史开端于15—16世纪，这与近代科学革命的兴起有关。科学革命有近代与现代两次。从哥白尼的《天体运行论》到牛顿力学的问世，揭示了物质宏观世界低速运动的规律，形成近代科学革命。它导致了蒸汽机和电动机应用的第一、二次技术革命，影响了整个近代史进程。同样，世界现代史与现代科学革命也是联系在一起的。现代科学革命揭示了物质微观世界的高速运动规律，使人们的科学认识又一次发生质的飞跃。1900年普朗克提出量子概念，1905年爱因斯坦创造相对论、提出质量能量转换公式并预测到从原子核中能得到巨大能量，20世纪20年代量子力学、原子物理学的诞生，使第三次技术革命的到来成为可能。

科学的技术化有一个过程，20世纪初期对社会生产起主要作用的还是第二次技术革命的各项成就。其一，电力、电讯技术的应用使重工业的冶金、采矿、机械、高层建筑业得到了较大发展；其二，内燃机的应用使石油业、汽车、飞机、军用坦克、航空母舰制造业繁荣；其三，高分子化学的问世导致三大合成材料、新农药、新医药的产生，使化学工业迈上新台阶。诸多新兴产业使欧美各工业化国家的经济实力迅速增长，在世界经济中占有了绝对优势的地位。伦敦成为世界的金融中心。各大国的自由资本主义经济发展为垄断资本主义。

新科技使得20世纪居民的日常生活状态也大为变样，衣食住行呈现出新的面貌。首先是电气化带来的变化，电灯、电话、电报、无线电、电冰箱、洗衣机等进入办公室和千家万户。电影院、广播电台在20世纪20年代兴起于各国。钢铁与混凝土技术的进步，使高楼建筑成为可能。纽约102层的帝国大厦建成后，民居楼的高层化也成为时尚。美国福特公司推出新型大众化汽车生产流水线后，汽车产量成百倍增长，从而使交通面貌大变样，公路网与高速公路随之兴起。不过，这种变化首先表现在美欧少数国家，在世界大多数地区此变化还是往后几十年的事。必须指出的是，诸多新科技起初多军用，民用的普及率是很低的。例如，飞机发明于1903年，但各国建立民用航空公司是在1930年以后。飞机、坦克和军用汽车被各大国政府用于组建海陆空总体战略部队。建造航母、潜艇、"无敌舰队"，形成各国的军备竞赛，使一系列局部冲突演变为海陆空的总体战争和第一次世界大战。

（二）世界总体战争与世界规模的均势体系出现

20世纪初的欧美各大国受垄断资本主义欲望的左右，都在追求海上霸权和对殖民地的"有效占领"及"阳光下的地盘"，结果导致了一系列冲突事件：美西战争、英布战争、日俄战争、摩洛哥危机、巴尔干战争，并形成德奥意三国同盟与英法俄协约国两大军事集团，最终爆发了第一次世界大战。30多个国家约15亿人被卷入，这占当时世界人口的67%，死亡人数达3000万人。此前人类历史上的战争都是局部战争、地区性战争，唯独这次是世界性的总体战争。战争结局是德意志、奥匈、沙皇俄国、奥斯曼四大帝国垮台，英法削弱、美日崛起，欧洲地图大变样。百年来在国际格局中的欧洲霸权优势不存在了。

过去的国际关系均势,基本上是欧洲均势,而现在则是世界性的了。1919—1912年形成的凡尔赛—华盛顿体系是国际关系新均势的集中表现,也是世界从对立到统一的一项进展。国际联盟的建立有象征意义,它是历史上第一个普遍性的国际组织。它以推行世界和平与安全为宗旨,尽管它有诸多问题和弱点,但还是反映了世界已成为息息相关的整体。国联为调解国际纠纷、维护国际安全还是做了一些工作的,如洛迦诺公约(1925)、非战公约(1928)的缔结,裁军会议的策划等。组建国联是美国最先倡议的,但它却拒不参加,德国赔款问题理应由英法解决,却依靠美国的道威斯计划处置,反映了该均势的基础是英法衰败、美国崛起。英法不愿让出国际领导地位,美国不买账,日本也不满意,德国则想东山再起。所以这是一个不稳定的均势体系。

(三)世界性的革命风暴,第一个社会主义国家诞生与全球革命力量大联合

国际性的革命运动在近代时期就出现了,但真正形成东西方齐动员、齐上阵、相呼应的革命风暴还是进入20世纪后才有。这是因为战争引起革命,世界大战引起了世界革命。这也是20世纪世界整体化态势的另一种表现。

1. 俄国革命爆发,十月革命胜利,苏联的建立

世界革命风暴从俄国开始,因为资本主义发展的不平衡规律和帝国主义的各种矛盾使俄国成为帝国主义链条上的薄弱环节和矛盾焦点。日俄战争导致1905年革命,列宁主义与布尔维什克政党诞生。第一次世界大战导致俄国二月革命和十月革命。

其历史必然性与特殊性必须正视。经过巩固苏维埃政权的斗争，苏联作为第一个社会主义国家诞生了，其历史意义不容否定。

2. 欧洲各国与美、日的革命运动高潮

战争引起德国十一月革命。东欧各国掀起了自近代以来的第二次民主革命高潮。其中匈牙利的1919年革命有特殊地位，革命一度为无产阶级掌权，但最终失败。欧美日各国组建起共产党，工农运动轰轰烈烈。最后结果皆失败。原因是敌我力量对比不同于俄国。这里统治阶级尚有实力。在革命营垒中，第二国际政党的错误路线和新建共产党的"左派"幼稚病行为导致了失败。

3. 东方各国的反殖民主义斗争新高潮

20世纪初是帝国主义殖民体系最后形成与发展的顶峰，也是其危机的开始。这一时期，发生在亚非地区的反殖民主义风暴是继19世纪中期斗争高潮之后的第二次，其特点是不再由爱国的王公贵族和酋长领导，而是由新兴的民族资产阶级及其知识精英领导，并提出各种新的主义。斗争发生在三种被压迫的人群中，一是半殖民地国家的各族人民，如中国、土耳其、伊朗等；二是殖民地各族人民，如印度、朝鲜、埃及等；三是分布在美欧宗主国和世界各殖民地处于奴隶地位的黑人群体的泛非主义运动。就斗争规模、影响和成就而论，是发生在中国、土耳其等半殖民地国家的革命。中国的革命更是独树一帜，它进行了从旧民主主义革命到新民主主义革命的转变，它不仅接受来自西方的民主主义思想理论，而且还通过十月革命接受马列主义，并与中国革命实际相结合。在中国共产党的领导下披荆斩棘，战胜各种波折，阔步前进。

4. 全世界无产者与被压迫民族的联合

以列宁为首的俄国革命者始终重视与国际革命力量的联合。20世纪初，列宁出席第二国际会议寻求与西方工人运动的联合。十月革命后，为了巩固苏维埃政权，新政府废除了沙俄与弱小民族签订的不平等条约。1919年列宁领导组建共产国际作为团结一切革命力量的"司令部"。不仅高举"全世界无产者联合起来"的旗帜，还提出"全世界无产者与被压迫民族联合起来"的口号。为此，共产国际通过了系列纲领性文件。列宁之后，20世纪20年代后期，共产国际对"世界革命"形势有不切实际的估计，苏联对周边国家外交也有失误，造成了不良的影响。共产国际"七大"确立了建立国际统一战线的方针，形势才有转变。

（四）世界现代化大潮进入国际化和多类型化的新时期

世界现代化是世界整体化的社会经济基础。进入20世纪后，它锐不可当地走向了国际化，这是因为工业化的生产不同于手工作坊的运作。工业化的生产流程和产品的流通都有标准化、数字化。工业产品流向世界，其标准化也遍及世界。标准化的普及使现代化必然要有国际化的趋势。20世纪初的局部战争和世界大战影响了不少国家经济的增长速度，但却没有影响接受标准化的国际化趋势。军用产品和军事工程的突飞猛进，反而促进了现代化的国际化。例如，飞机、汽车制造业和维修业是当时现代化尖端产业，不少国家，甚至一些工业落后的亚非拉国家为了军事需要也建立起这类工业。它们通行国际上已定型的数字化生产标准，显示出现代化的国际性。但是由于各国各地区条件的不同，现代化道路呈现多类型化。

1. 美国模式

19世纪末的20世纪初的美国被称为典型的托拉斯国家,为了健全这一特点,使工业化正常进行,美国通过了"反托拉斯法"进行调整,大力推广泰罗制的科学管理方法,改进大企业组织;在全国开展"进步主义运动",调节因垄断资本的发展而带来的社会矛盾。美国作为后起的殖民大国,它使用"门罗主义""门户开放"等带有新殖民主义色彩的政策向拉美和东方国家渗透。它远离欧洲,有得天独厚的安全条件,能发"战争横财",使自己成为债权国,结果在20世纪20年代迎来了"柯立芝繁荣"的黄金时代。不过在繁荣之中也潜伏着严重的危机。

2. 英法模式

英国被称为"殖民帝国主义",法国被称为"高利贷帝国主义",它们都依靠剥削殖民地和较后进的国家而致富。"一战"后殖民体系发生危机,使它们国力萧条,国内动荡,工运不断。英国竟发生历史上最严重的1926年大罢工。要保持其现代化进程,改革的重点是稳定现有的政治秩序。于是,英国支持有社会主义招牌的工党出山,让它取代奉行自由主义的自由党,与保守党构成新的"两党制",轮流执政。同时改革殖民体系,策划威斯敏斯特法案,实行英联邦内的贸易金融特惠制。法国则支持社会党和激进社会党组成"左翼联盟"与右翼集团轮流执政,以稳定政局发展经济。两国都不放松对新科技的探索,如法国对原子物理学的研究,英国对航空技术和电子雷达技术研究,都颇有成效。

3. 苏联模式

这是全新的、史无前例的现代化模式。列宁在十月革命后提出"共产主义就是苏维埃政权加全国电气化"的理念,将实现社主义现代化作为苏联建国的基本方针。他的"新经济政策"主张发展市场经济,可以引进外资和外国技术,他派代表出席热那亚的欧洲经济会议,要与不同社会制度的国家实行和平共处。但斯大林没有完全执行此方针,而是建立高度集权的指令性计划经济;优先发展重工业的工业化;强行农业全盘集体化;在政治与文化领域中也搞集权化和非民主化措施。斯大林的这一模式虽然在20世纪30年代的短时期内使苏联完成了工业化的基本任务,工业总产值跃居欧洲第一,为苏联能屹立世界打下基础,但是负面后果也是严重的,值得总结。

4. **亚非拉模式**

处于殖民地半殖民地的亚非拉国家,在世界现代化格局"中心—半边缘—边缘"中是处于后两种。进入20世纪后,它们的大多数国家主要任务是争取独立自主,工业化举措主要服务于军事和政治。只有个别国家,如土耳其、墨西哥等进行了一些社会经济改革,成效有限,这也只是现代化的一种初步探索而已。

(五)20世纪初期的世界文化新特点

20世纪初期,世界政治、经济的大变动,必然影响到人们的精神状态和思想观念,从而使世界文化也呈现出诸多新特点:

1. **现代主义文学艺术的兴起,开始向传统模式猛烈挑战**

传统的文学艺术是古典主义、浪漫主义、现实主义流派,它们占据着各领域的阵地,形成固定模式。19世纪末法国美术家借助新科技对色彩研究的突破,来描绘感觉瞬间的印象,形成印象派,最先挑战传统美术。1905在巴黎的美展中,出现以"野兽派"命名的作品公然与传统对抗。接着有标新立异的立体主义、表现主义、超现实主义、达达主义的现代派画作先后问世。而且此潮流很快波及音乐、文学、戏剧诸领域。共同特点是要进行反向运动,要与以理性为核心的文艺决裂,要用抽象、离奇多样的手法表现自我。

2. 批判现实主义文艺作品大放光芒

资本主义的现实矛盾和战争带来的灾难使得批判现实主义创作仍有生命力。例如,法国作家罗曼·罗兰、英国剧作家萧伯纳、美国小说家德莱塞等人的作品都渗透着传统的人道主义和博爱思想而享誉世界。在东方国家现实主义和批判现实主义作品仍然处于主流地位,以印度泰戈尔和中国鲁迅的作品为代表。

3. 涌现出新的哲学人文学科

在西方哲学领域出现了反对黑格尔为代表的传统哲学的呐喊声。与古代哲学的本体论、近代哲学的认识论不同,现代哲学注重人的意识、意志、直觉、行为效果的研究。例如,尼采的意志论、柏格森的生命哲学、杜德的实用主义等。新哲学还与现代自然科学结合,出现了马赫主义、逻辑实证主义等。新的社会学科有奥地利心理学家弗洛伊德创造的精神分析学、德国的马克思·韦伯创建的新社会学、德国的斯宾格勒和英国史学家汤因比提出的文化形态史学、意大利哲学家克罗齐提出的新历史哲学等。

4. 无产阶级社会主义文化的诞生

十月革命前出现的高尔基文学作品被誉为是无产阶级文化的先声。此后涌现出的马雅可夫斯基、肖洛霍夫、奥斯特洛夫斯基等人的作品都被誉为社会主义文学的代表。与此同时,以马克思主义为指针的各种新型社会科学门类也在苏联兴起了。列宁批判"无产阶级文化派"时,指出社会主义文化不是凭空产生的,它是人类历史上一切优秀文化的继承和发展。

(六) 世界整体化历史进程中的曲折,经济大危机与大分化

世界历史从分散到整体的进程不是一帆风顺的,曲折的发生常常成为整体化进程再前进的准备。1929年10月21日从美国开始的世界经济大危机就是世界大分裂导因。除苏联外,西方各国走上了不同的道路,分裂成两大集团。

1. **德、意、日的法西斯化,成为世界战争策源地**

法西斯主义属于垄断资本主义的一种极端的政治思潮,面对战争与革命、饥馑与危机,他们要改变现状,将矛头指向现有的占统治地位的资产阶级民主制,主张以恐怖的极权手段摧毁议会政党民主制,建立独裁专政,对外主张战争扩张,经济上主张国家控制经济。它用狭隘民族主义和国家社会主义甚至反资本主义口号掩护自己,得到不满现状的中下层群众的支持,形成政治势力,组建起政党。但它在掌权后,就暴露其本质也是在维护大垄断资产阶级和大金融财阀的利益。意大利作为一个"贫穷的帝国主义"国家因经受不住经济危机的打击,1925年就建起了以墨索里尼为首的法西斯专政。并要实现"大罗马帝国"的扩张计划。

在德国,以希特勒为首的"民族社会主义德意志工人党"(简称纳粹Nazi)在1923年暴动夺权失败了。当时,德国的统治阶级不愿放弃"十一月革命"后组建的魏玛共和国的民主制。但在1929—1933年大危机的打击下,金融财团和军政贵族们改变主意了。经过系列谈判和希特勒的效忠表态,1933年希特勒被选举上台,随之建起集党政军大权于一身的法西斯专政。

在日本,自明治维新建立起来的天皇制政权,一贯奉行军国

主义的扩张政策,早就含有法西斯主义因素。1919年,北一辉发表《日本改造法案大纲》主张军事独裁,吞并亚洲,被称为日本法西斯的经典。即使在20世纪初的政党内阁与"协调外交"时期,征服中国的"田中奏折"计划也一直在进行。经济大危机使日本迅速法西斯化。以军部极端派为代表的法西斯势力,通过系列暗杀政变颠覆了政党政治,建立起有军事封建特点的、由军部执政的天皇制法西斯专政。

1931年,日本发动九一八事变,侵占中国东北地区,标志远东战争策源地形成。1935年,意大利发动侵略埃塞俄比亚战争,1936年希特勒进军莱茵非军事区,撕毁凡尔赛合约,德意联军出兵西班牙标志欧洲战争策源地也形成。1937年11月,德意日在"反共产国际"的幌子下组建军事同盟,形成"柏林—罗马—东京"轴心。

2. 美、英、法继续资本主义民主制,罗斯福的新政改革

在经济大危机的打击下,英法美凭借厚重的民主制传统与现代化的经济基础,在原有制度范围内,通过国家干预经济的办法进行调整改革来恢复公众对现政权的信任。即使美国遭受危机的打击最严重,但它仍能进行举措较大的罗斯福新政改革。理论基础是凯恩斯主义,主要办法是用国家干预经济的措施恢复金融、信贷和生产的正常化。罗斯福说:"我们依靠的是旧民主秩序的新应用。"共同的道路,必然使美英法走到一起。

3. 局部战争演变为世界战争

在20世纪30年代的国际关系中有三种战略:德意日要扩张;苏联要"集体安全",共同抑制侵略者;英法美奉行绥靖政策和不干涉的"中立政策"。因为英法自感实力已弱,不愿直接与德意

志对抗,企图将祸水东引,用牺牲小国利益的手段与对方妥协,谋求暂时和平,纵容侵略者进攻苏联。美国这一时期奉行的是孤立主义,尽量保持"中立""不干涉""不承认",实际上也是绥靖政策。这样就导致了德国吞并奥地利,进攻捷克苏台德区和慕尼黑协定的缔结及英法苏谈判的无果等一系列事件。在此情况下,苏联于1939年8月23日与德国签订了互不侵犯条约。但同时还签订了《秘密附属议定书》,规定了两国在波兰和波罗的海地区的势力范围。1939年9月3日当德国进攻波兰时,英法不得不对德宣战,欧洲大战再次爆发。

三、第二时期:世界整体化态势的再发展(20世纪30年代末至70年代)

(一)第三次技术革命的兴起及其社会作用

第三次技术革命与前两次技术革命不同,它不是在宏观科学理论的指导下取得,而是在相对论、量子力学等微观科学理论的指导下实现。标志性的发明是:核能技术、电子计算机技术、航天技术三项。它们都兴起于20世纪30年代末40年代初,完成于20世纪60年代。

核能是继蒸汽能、电能之后的第三种人工能源。自从爱因斯坦提出质能转换公式后,学界就注重核能研究,兴起原子物理学。1938年,德国科学家哈恩和奥地利科学家梅特内完成了核裂变的链式反应公式,使人工获得核能成为了可能。科学家们害怕此技术被希特勒用来制造原子武器,便推举爱因斯坦进言罗斯福由美国制造,曼哈顿工程由此开始了。1945年7月,原子弹制作成功,标志了人工使用原子能的实现。苏联也很快掌握了核技术,苏美还完成了核聚变实验,制成了氢弹。

电子计算机技术始于1937年英国对雷达的研究。它将电路与元件技术提高到新水平。数学家图林提出了"理想计算机"的数学模型也使制造电子计算机有了希望。1941年,美国军方为解决弹道计算问题与宾夕法尼亚大学电子系合作,于1945年底制成第一代电子计算机,第二、三代在20世纪50—60年代完成,这是人脑功能的延展,是人工智能的实现。

航天技术的起点是火箭技术。1937年德国在庇纳门德建立研制基地,开始火箭技术的研制,并于1942年在布劳恩的主持下制成V—2型导弹。后该基地被苏军占有,布劳恩被俘到美国,成为美国宇航研究主持人。1957年10月4日,苏联发射第一颗人造地球卫星。1961年4月14日,加加林成功遨游太空。1969年7月21日,美国阿波罗11号飞船登上月球。至此,三大发明都宣告成功。

值得注意的是,第三次技术革命的兴起和完成都与军事有关,其成果的应用也首先是军事。1954年苏联建立核电站,象征意义大于实用。三大发明作用于社会经济多在20世纪60年代之后,不过其间接的社会作用还是很大的。随着三大发明问世,"大科学"的研究方法普及,由此"控制论""系统论""信息论"等新的科学理论问世。它们又促成诸多新技术的诞生和发展。例如,激光技术、生物遗传技术、制造农药、医药的生化技术等,这些对社会经济与生活有直接影响。再者,原被军用控制的一些技术,因三大技术军用后取代其地位,使它们转入民用,而发挥作用。

例如,喷气式飞机技术,原为军用垄断,现在转为民用,制造大型"空中客车",使航空事业更上一层楼。又如,原被军用垄断的尼龙、塑料等人工合成材料转为民用后大大改善了人们的衣着状况,人类物质生活由于新技术的应用得到了很大的提高,据不完全统计,1913—1950年的世界经济年均增长率只有1.9%,而1950—1970年则增至4.9%。

科学技术是"双刃剑"。伴随着第三次技术革命的兴起与影响的扩大,其负面作用也显示出来,"八大公害"事件发生了。环境问题成为人类关注的一大难题。

(二)反法西斯的世界大战与世界整体化新态势

20世纪30年代末40年代初,一系列军事冲突使人类再次陷入更大规模的世界战争:七七事变中日战争、德突袭波兰欧战爆发、意大利挑起非洲战争、苏德战争、珍珠港事件与太平洋战争。欧亚非三大洲四大洋有61个国家,80%世界人口卷入世界大战。中国是东方主战场,苏联一度是西方主战场。为了反法西斯,一切爱和平的正义国家和人民开始联合起来。英美首脑发表了《大西洋宪章》,声明要捍卫自由民主。1942年元旦,英美苏中领衔在华盛顿签署《联合国家宣言》,从而形成不同社会制度、不同民族、不同信仰的反法西斯大联合。

1943年是战局大转变的一年,斯大林格勒战役、阿拉曼战役、中途岛战役的系列胜利,迫使意大利投降。美英联军登陆诺曼底,开辟第二战场,苏军攻克柏林,最后日本无条件投降。战争后期,为了战胜敌人、安排战后世界秩序,美英苏中首脑举行了开罗会议、德黑兰会议、雅尔塔会议、波茨坦会议,会上通过了诸多

决议,这些决议被称为雅尔塔体系,该体系安排战后世界国际格局是整体化的态势,表现是:

其一,组建联合国用以维护国际和平与安全,发展国际友好交往。这是继国联之后又一普遍性国际组织。其规模之大,机构之多,规章之全,活动之多远远超过国联。成员中有不少是大战中新诞生的国家,如东欧诸国。联合国安理会实行"大国一致原则",这使联合国比国联更有效率。

其二,建立国际金融体系。世界银行及国际货币基金组织,改变了各种货币集团林立、贸易壁垒高筑的状况,其基础是布雷顿森林体系,该体系确立了美元与黄金挂钩,各国货币与美元挂钩。这虽然有助于树立美元的霸主地位,但对稳定各国经济,平衡国际收支,解决自大危机以来的世界金融混战是有帮助的,也有助各国恢复经济。

其三,缔结关税与贸易总协定。这一多边协定使国际贸易朝着自由化、制度化方向发展,为后来世界贸易组织的建立奠定了基础。

这三大举措改变了国际贸易与世界金融分割的局面,使各国经济更广泛、更深入地相互交流与依存,使世界经济的整体化呈现更高层次的态势。

(三)世界整体化框架下的两极对立国际格局

雅尔塔体系带给战后世界的国际关系态势,一方面是世界整体化关系的进一步发展,另一方面是冷战对立两极格局的出现。所谓冷战,是指一种既非战争又非和平的对峙与竞争状态,表现在政治、经济、军事、外交、意识形态乃至科技文化等领域,主要发生在美苏两大国和以它们为首的东西方两大集团之间。通常将1947年3月12日"杜鲁门主义"的提出作为冷战爆发的起点。冷战的根本原因是经过大战的较量形成了美苏两个超级大国,它们在世界大战期间是盟友,但战后为了各自的利益,对外大战略大相径庭,互不相容。罗斯福的"世界蓝图"和杜鲁门的领导世界计划,都是要巩固美国在大战中获得的"世界中心"地位,实现"美国世纪"的梦想。斯大林要求的是保障苏联的安全和"世界革命"新成果,而这个安全地带是西自易北河,东至"三八线",如此广阔的领域与美国的霸权计划严重冲突,特别是苏联重视西部安全,要巩固东欧各新建的人民民主政权,不容西方势力插手,这是美国不能容忍的。加上苏联与西方国家的社会制度、意识形态本来就有对立,由此便导致美国对苏联实行凯南的"遏制政策"。但"二战"形成的世界整体化态势对双方都有利,他们都不愿意用"热战"来改变,于是"冷战"就发生了。

美国的冷战举措是:提出杜鲁门主义(1947),推行马歇尔计划(1947),组建北大西洋公约组织(1949)。苏联也有对应的举措:成立"共产党情报局"(1947),成立苏东经互会(1949),组建华沙条约组织(1955)。美国以"英美特殊关系"为基石,邀请丘吉尔赴美发表"富尔敦演说"。苏联则指望中苏同盟为社会主义阵营核心,两次邀请毛泽东访苏。美苏摩擦,碰撞事件不断:封锁西柏林危机(1949)、对日和约的对抗(1951)、第二次柏林危机(1958)、U—2飞机被击落(1960)、修建柏林墙(1961)、古巴导弹危机(1962)等。与此同时,意识形态斗争也接连不断。美国的麦卡锡主义,苏联在文学艺术、哲学、生物学领域对资产阶级思潮的批判都波及对外活动领域。

但是在世界整体化的框架下,美苏都不得不妥协,于是又出现一系列事件:日内瓦美苏英法首脑会晤(1954)、戴维营会议(1959)、维也纳美苏会谈(1961)、部分禁止核试验条约签订(1963)、葛拉斯堡会谈(1967)等。

美苏的霸权主义政策也引起了本集团内部的不满和分歧,戴高乐的独立外交退出北约军事一体化机构、西德的新东方政策等,都显露了对美国的离心力;苏南关系的破裂、波匈事件、中苏分歧和"论战",直至中苏边界流血冲突,社会主义阵营不复存在。20世纪60年代末两大阵营的分化,使"冷战"格局不能不发生转变。

(四)亚非拉民族独立运动的胜利与新兴发展中国家成为世界整体化的又一动力

反法西斯战争的胜利为全世界被压迫民族和人民的解放斗争开辟了更加广阔和现实的道路。随着战争的结束,解放运动的烽火迅速遍布亚非拉和大洋洲的辽阔地区,先后掀起了三次大的浪潮:

第一次浪潮,主要斗争在亚洲地区,中国在抗日战争中壮大起来的革命力量,经过3年的解放战争,在1949年10月成立中华人民共和国。这期间,蒙古、朝鲜、越南也建立人民革命政权,并选择走社会主义道路。另一类新兴国家是建立进步的民族主义政权,如印尼、印度、缅甸、斯里兰卡等。

第二次浪潮,主要发生在中东地区。1952年由埃及"七月革命"带头,北非各国都开展了武装斗争。伊拉克"7·14"革命震惊世界。整个西亚非洲诸国纷纷独立,西方舆论惊呼为"中东危机"。

第三次浪潮,斗争发展到整个亚非拉地区和大洋洲的一些岛国。1957年加纳独立,点燃了撒哈拉以南非洲的民族独立运动烈火。"1960非洲年"的出现反映了全非洲的觉醒。曾被西方称为"安定的绿洲"再也不安定了。1959年,古巴革命的胜利在整个拉美地区掀起新一轮的民族民主斗争的高潮。

殖民统治者是不会自动退出历史舞台的。他们用软硬"两手政策"面对新的形势。一方面进行暴力干涉,发动战争;另一方面搞和平妥协,进行"非殖民化"改革,允许原殖民地国家政治独立,但仍保留其经济军事及外交特权。美国打着"反殖民主义"的旗号,以"援助"为诱饵向一些新独立的国家渗透。由于新老殖民主义者在作怪,一系列局部战争发生了。例如,荷兰、英国发动了两次印度尼西亚战争(1945—1949),法国发动了印度支那战争(1946—1954),美国打着联合国旗号发动朝鲜战争(1951—1953)。在印度,英国利用早已埋下的殖民祸根,连续制造印巴战争及大屠杀事件。在中东地区,由外部势力插手酿成的阿以冲突,是多次中东战争的根源,也是中东问题的焦点。在非洲,法国进行了7年的阿尔及利亚战争(1956—1961)。比利时在美国的支持下进行刚果战争,杀害了民族英雄卢蒙巴(1960)。在拉美,当革命后的古巴宣布要走社会主义道路时,美国派遣雇佣军进行"吉隆滩战役(1961)"。美国还继续法国的殖民行动,将印度支那作为特种战争和"遏制共产主义"的"试验场",挑起和扩大越南战争(1964)。

面对来自国际上的阻力,新兴民族独立国家用联合团结来维护自己的独立主权。1954年中国邀请印度、缅甸共同倡导和平共处五项原则,作为联合基础。1955年亚非会议在万隆召开,这是有史以来第一次没有西方殖民国家参加的国际会议。在"万隆精神"的鼓舞下,不结盟运动兴起了(1961),到20世纪60年代末成员国约占世界国家总数的2/3,人口总数的50%。西方学者称此为"第三世界"。该名称也为不结盟国家所接受,它们成为世界舞台上不可忽视的力量,积极促进世界的联合与整体化。

(五) 美欧日本现代化进程的重整与苏联东欧体制改革的探索

"二战"后,无论是战胜国,还是战败国都面临经济恢复的重任。世界形势的新变化使这两类国家都要考虑发展道路的调整问题。

1. 美国重整现代化的改革

美国是"二战"最大的获利国,战争结束时它作为"民主国家的兵工厂",其工业产值占世界总产值的60%。它还是国际金融中心、国际贸易中心和最大的债权国。为了保持这一优势地位,它除了实施一整套"美国世纪"的霸权主义政策外,在内政方面也有系列的改革措施。如杜鲁门的"公平施政",艾森豪威尔的现代共和主义,肯尼迪的"新边疆"政策,约翰逊的"伟大社会"政策。这些政策的共同特点是:沿着罗斯福新政改革的轨迹前进;不完全依照凯恩斯主义,而是按照萨缪尔森新凯恩斯主义的"混合经济论"行事;主张把国家对经济的干预与市场机制的自发调节作用结合起来;正确运用财政和货币政策。新的改革比过去更重视社会保障体系和新科技的社会应用。1921—1930年美国只有5人获诺贝尔科学奖,1931—1966年增至68人,美国要取代欧洲成为世界科技中心。

2. 西欧、日本的现代化调整改革

无论是战胜国英法还是战败国德意日，在 20 世纪 50 年代初其经济都已经恢复到战前水平。接着它们开始了新一轮的改革，共同特点是：

(1)发展市场经济，只进行有限的国家干预。西德的艾哈德改革最为典型。英法实行有限的国有化。日本"解散财阀"也为了适应战后的市场经济。

(2)将国家福利政策摆在首位。英国从 1944 年就实行此政策。对就业、养老、医疗、伤残、教育、住房等问题，都从一般社会救助措施发展为法制性的福利保障体系。日本的农地改革使自耕农、佃农获得土地，也是对农民的一种福利。

(3)进行政治民主化改革。德意两国成为民主共和国，日本颁布新宪法将天皇变为一种国家的象征，最高权力归到国会。在英国，工党地位一度胜过保守党，丘吉尔虽有战功，仍然落选。在法国，共产党领袖一度进入政府。

(4)加强国际大联合。德法从世仇变为欧洲统一的核心，1950 年建立起欧洲煤钢联营，1958 年发展为欧洲经济共同体。日本则借助与美国的联盟，缔结安保条约，而成为经济大国。总之，约 20 年的改革，使西方各国呈现出一个"黄金时代"。

3. 苏联与东欧诸国的社会主义建设及现代化探索

"二战"后的苏联按照斯大林模式迅速恢复了经济，同时也帮助东欧各人民民主国家稳定了政局和经济，走上社会主义道路。斯大林模式的缺点是对农业和农民的利益缺乏照顾，1952 年斯大林在《苏联社会主义经济问题》一书中指出建设社会主义要特别注重经济，商品生产与价值规律仍然还得起作用，但直到 1953

年斯大林逝世,他的改革意图还没有实现。

赫鲁晓夫掌权后对"个人崇拜"的批判,换来了"解冻"宽松环境,值得肯定。但他全盘否定斯大林,其"工业党""农业党"计划和"全民国家""全民党"政策,带来了政治上的混乱。经济上的"大垦荒""种玉米",只有一时的效果,工农业生产增长率连年下降,人民生活改善有限。1964年10月,赫鲁晓夫被迫辞职。

勃列日涅夫上台后,将"全面展开共产主义建设"的口号改为"建设发达社会主义社会"。政治上强调要加强党的集中领导,保留干部终身制,最高领导不受监督,结果导致政治体制的硬化。对"持不同政见者"搞"精神病院",又变相恢复了斯大林时代的专制。经济上勃列日涅夫推行"新经济体制",在强化指令性计划的前提下搞企业自主经营和经济核算制。虽有一些效果,总趋势是经济严重下降。1966－1970年,工农业总产值的增长率分别为8.5％和3.9％,1981－1985年分别为3.5％和1％。

东欧各国的经济建设深受苏联的影响,但各国还都在探索适合自己的模式。南斯拉夫的自治社会主义制度,波兰的哥穆尔卡改革、匈牙利的卡达尔改革、捷克的"布拉格之春"等都深受人民的欢迎。但由于苏联的粗暴干涉,这些改革终归于失败。

(六)20世纪中期的世界文化特征

20世纪中期的社会大动荡,特别是第二次世界大战使世界文化呈现出诸多新特征。

1.反法西斯文化成为世界文化界的一大主题

法西斯主义是一切反动思想的大杂烩,它不仅与社会主义的文化思潮对立,也反对资本主义文明的自由平等、人道主义思想,它常常利用一些历史文化名人的落后面来宣传其主张。如尼采的唯意志论、斯宾格勒的大日耳曼主义历史观、瓦格纳音乐的消极面等。反法西斯文化运动从意大利、德国开始,到了20世纪30年代成为世界性的文化活动。罗曼·罗兰在巴黎发起"反法西斯国际大会",到1935年变为国际作家保卫文化大会,上千人参加。在西班牙战争中,众多进步作家云集于此与法西斯战斗。他们中有传统的现实主义作家,也有超现实主义的现代派作家和艺术家。20世纪初出现的现代派与传统派之争,在反法西斯中不存在了,共同的目标是捍卫和平、民主与人权。

2. 反法西斯战争的爱国激情和英雄事迹促使大批优秀的反映现实的文艺作品涌现

例如,冼星海反映中国抗日战争的《黄河大合唱》,肖斯塔科维奇表现列宁格勒保卫战的第七交响乐,勋伯格痛斥法西斯暴行的《华沙幸存者》组曲,西蒙诺夫描写斯大林格勒战役的小说《日日夜夜》,法捷耶夫描写敌后斗争的小说《青年近卫军》等。

3. 三种世界文化类型开始展示于世

世界反法西斯战争促成社会主义越出一国范围在广大民族主义国家兴起。这样在世界文化界,就出现了社会主义、资本主义和新兴民族主义三种文化。苏联是社会主义文化事业的探索者。1954年爱伦堡发表小说《解冻》,引起解冻文艺的新思潮。在中国,以毛泽东思想为指导创造社会主义文化,也有诸多新气象涌现。20世纪50年代,毛泽东提出"双百方针"推动了新文艺与学术研究的发展。在亚非拉,尼赫鲁主义、苏加诺主义、阿拉伯复兴主义、泛非主义等新兴民族主义,都有文化艺术与之相伴随。西方的资本主义文化经过"二战"的洗礼也涌现出更多的新流派,比如萨特的存在主义哲学就是在此形势下发展起来的。该哲学还影响到文艺,促使荒诞派戏剧和先锋派音乐与美术的发展。美国海明威的《老人与海》则将战争中那种战胜邪恶的英雄主义精神表现出来。

4. 国际文化交流的组织化和制度化及意识形态斗争的干扰

据有关方面统计,国际文化交流协议在一战前仅有50多项,两次大战间有100多项,而1945－1961年则达到1000多项。1946年11月,联合国成立教育科学文化组织。1967年,59个国家签署了世界知识产权组织公约。这些都标志国际文化开始了组织化和制度化的进程。但是在冷战的条件下,这种交流受到意识形态斗争的干扰。1942年2月24日《美国之音》开始对外广播,但是麦卡锡主义泛滥后,《美国之音》也变成反共的喇叭筒。苏联从1946年审查两种期刊开始,展开了文学艺术和哲学、经济学、生物学、语言学诸多领域中的对资产阶级思想的批判。这种批判影响到外交,从而严重地阻碍了各社会主义国家与世界其他国家的文化交流。

四、第三时期:向全球化的初期过渡(20世纪70年代至新世纪之交)

(一)信息技术异军突起,产业结构升级及知识经济问世

从技术革命向产业革命转化,通常是动力技术(蒸汽能、电能)居于领衔地位。但第三次技术革命则不然。由于政局的干扰,从20世纪70年代初开始,随着技术革命向产业革命转化,电

子计算机技术的社会功能超越了核动力技术,处于领衔地位,核动力技术主要用于军事。1971年美国英特尔公司制成4004微处理器,开启了微电子技术时代。20世纪70年代,美国微软公司、苹果公司用此技术开发个人电脑,并开发Windows软件系统和因特网络。20世纪80年代,因特网络首先在美国建起来。电子计算机和互联网的结合,实现了"电脑+人脑"的融合,只要"一机在手""人在线上"就可获得大量的知识资讯。电脑与手机的普及,开启了技术革命的新局面。新能源、新材料、生物工程、海洋工程、宇航工程,都有了新的发展。一些传统技术如自动化技术、农业育种和农药、医药医疗技术也有了新的发展,1978年第一个试管婴儿得诞生就是这一发展的具体体现。

20世纪50年代,新技术在西方国家经济增长中的贡献率为50%,20世纪90年代则为70%-80%。这一时期,现代化的发达国家已经完成了从工业经济向信息化经济的过渡,智能因素的作用已远远超过土地、能源和劳动力因素。产业结构日益非物质化,产业结构的中心开始转向了第三产业服务业。伴随着这一转化,劳动力结构和社会阶级结构也发生了大的变化。"白领"与"新中产阶级"壮大,财富的两极分化更加悬殊。出现了"超级富人",他们人数极少,却能掌握全国甚至全球财富的相当比例。

新技术革命还使企业的管理更加科学化。管理者经常更替优化。随着国际性的垄断公司的改革,跨国公司应运而生。据联合国统计,20世纪60年代有7200家跨国公司,其子公司有2.7万家,20世纪90年代其子公司增至20余万家。这些跨国公司能从世界范围合理安排原料来源、生产分工、劳动力配备、资金运用、产品销售和高科技的使用,因而能最大限度地获得经济效益。

信息技术的运用还使世界金融的流通运转发生极大的变化。在西方大国的资本积累中，金融资本的利润取代生产资本的利润与主导地位。金融霸权和金融掠夺成为某些国家攫取他国财富的快捷手段，争相使用，于是金融垄断也成为新时期垄断资本主义的一大特点。1990年联合国根据世界经济呈现的新现象，首次提出了"知识经济"概念，认为这是一种直接依据知识和信息进行生产、分配和使用的经济。学者们普遍认为知识经济标志着人类社会从工业化过渡到信息化，从现代化转向后现代化或后工业化，将在世界经济中占统治地位。这一过渡还影响到人们思想价值观及道德理念的变化。"终身教育"成为了国际共识。"电子政府""信息武器"的出现带来政治状况和军事战略的相应变化。

科学技术的发展，其"双刃剑"作用更加突出了。伴随着信息化的发展，百年积累下来的大气环境、水体环境、地质土壤环境、生物圈等问题越来越严重。1968年，来自10多个国家的科学家与学者组成"罗马俱乐部"，发表研究报告呼吁人们对全球环境问题的关注。1972年6月，联合国召开人类环境问题会议，动员各国政府和人民为维护地球环境共同努力，会上还发表了宣言，口号是"我们只有一个地球"。1992年，在里约热内卢召开的环境问题会议通过了《地球宪章》，确立了可持续发展的战略思想，强调环境要与经济社会协调发展。

（二）美欧日本等发达国家的新一轮改革，向信息化的过渡

发达国家约20年的"黄金时代"，没有超越垄断资本主义基本经济规律的制约，也没有改变其两种趋势的发展前途。进入20世纪70年代后，一系列新的经济危机发生了，首先是美元危

机。1971年夏,国际金融市场出现抛售美元,挤兑黄金的风潮。美国黄金储蓄锐减,美国总统尼克松被迫抛出"新经济政策",同意美元贬值,"布雷顿森林体系"出现危机了。接着是能源危机。1973年第四次中东战争爆发后,石油输出国组织宣布大幅度提高油价,使美国和依靠石油发展其基础经济的国家受到严重打击。接着爆发1973—1975年"二战"后最严重的一次经济危机。日本工业生产下降20.8%,美国全国失业人数高达854万。经济危机之后是长达10年的经济滞胀期。经济增长相对停滞,通货膨胀持续上升。1979—1982年又从美国开始爆发新的经济危机。面对这些危机的挑战,各发达国家不得不从70年代末开始进行"二战"后的第二轮改革。战后20多年的经济积累为新改革提供了物质基础,以信息技术为中心的新科技革命的发展为改革提供了新的思路和路线图,改革基本上以和平发展的方式进行。2001年9月的"9·11"事件结束了美国本土安全无恙的神话,美国国内开始出现危机,美国的霸权地位动摇了。

英国的"撒切尔夫人改革(1981)"、美国的"里根经济学改革(1981)"是这轮改革大潮的"领头羊"。随后,有美国的克林顿改革、法国的米特朗式社会主义试验、联邦德国勃兰特和施密特的社会民主党改革、意大利多党联合的改革"奇迹"、日本的"第三次开国"改革等。在这轮改革中各国都有自己的举措,但共同的特点是:

1.**减少国家对经济的干预、放弃凯恩斯主义、支持货币主义学派和新自由主义学派的主张,让"市场"这只看不见的手更充分地发挥调节经济的作用**。同时削减社会"福利",减少政府开支,不顾及两极分化的加剧。之后英国布莱尔、美国克林顿实行"第三条道路",对上述方针有所调整,强调自由市场还要与国家干预结合,特别是在法国、意大利,并不大幅度削减"国有化"和国家对经济的干预。

2. 重视信息技术和新技术群的应用。例如里根政府提出"星球大战计划",要发展高科技。法国提出"尤里卡计划"、日本提出"科技复国论"。1993年,克林顿又提出建设《信息高速公路》,发展网络技术的应用,并得到西方国家响应。1994年,欧盟发表《信息社会宣言》,提出"网络欧洲"概念。1996年,由各发达国家组成的经济合作与发展组织(OECD)发布了《以知识为基础的经济》报告,主张应以信息产业为主体的产业。以往作为第一产业的钢铁、煤炭、化工以至部分汽车工业都可以转让给发展中国家。

3. 加强国际协调与联合,为此可以转移部分国家主权。1973年英国加入欧共体,是欧洲联合扩大的重要标志。1990年,开始讨论欧洲货币与政治联盟问题。1993年,欧洲联盟成立。1999年元旦欧元启用,从此欧洲的市场、货币体系联为一体。至于日本公开宣称日本是"西方一员",在一系列国际事务中都与欧美保持协调合作,加强日美同盟是日本的国策。1980年,日美签订《联合作战计划》密切两国军事合作体制。1974年,美国发表《大西洋关系宣言》表示要加强与西欧的新联合。1976年,美、英、法、德、意、日、加拿大在美国举行七国首脑会议,共同研究世界经济形势,协调各国改革。

(三)发展中国家开始现代化高潮,南南合作的发展

长期以来,亚非拉国家在世界性的现代化潮流中处于"边缘""半边缘"的地位。只有处于"核心"地位的西方发达国家才真正

实现了现代化。尽管亚非拉地区不少"精英人士"很早就开始了有关现代化的讨论,少数国家也有过一些改革实践,但成效有限。真正现代化高潮的到来是在 20 世纪 60 年代后期和 70 年代,因为这时除了非洲的南部地区外,亚非拉绝大部分都获得了政治独立,开始为经济独立而奋斗,从而揭开了现代化大潮的序幕。到 20 世纪 90 年代,非洲纳米比亚独立、新南非诞生,整个非洲独立了,开始实现"复兴梦"。这时就世界所有发展中国家而论,全面的、正式的现代化高潮开始了,这是具有伟大历史意义的大潮。从序幕揭开到大潮启动,将近半个世纪,各地都有一些重要的现代化实践经验需要总结。

亚洲地区:中国和印度是两个大国,人口之和占世界的 1/3,它们的现代化实践无疑属世界级大事。新中国建立后,先有"过渡时期",然后从 1956 年开始着手现代化建设,奠定了工业化基础,研制出"两弹一星",但现代化进程曲折受挫。1978 年改革开放后,中国加速四个现代化建设,阔步前进,已经成为世界第二大经济体,其发展道路也受到世界的瞩目。印度独立后,先是按照"印度社会主义模式"进行现代化建设,接着又依照"经济自由化、市场化与全球化结合模式"进行调整改革,在"绿色革命"和开发电子信息化产业方面成果突出。但是殖民统治遗留下来的种种问题,特别是印巴冲突等民族矛盾,制约着其现代化的发展。20 世纪 70 年代兴起的"亚洲四小龙"(韩国、新加坡、中国台湾、中国香港)一度成为新兴工业经济体的典范,其"贸易兴国"政策与将"进口替代"转化为"出口主导"的战略曾取得了显著的成效,其"新权威主义"的政治理论也被舆论所称赞,为后起的"亚洲虎"国家所效仿。但 1997 年从泰国开始的亚洲金融危机,让人们重新审视这一现代化经验,在全球化的条件下实现"贸易立国"有诸多问题需要重新研究。

中东地区:现代化进程常与石油联系在一起,特别是海湾国家20世纪70年代初期利用能源危机,几乎是一夜之间就从中世纪阶段一跃而成为现代化国家,成为"历史奇迹"。伊朗、伊拉克是海湾地区大国,石油也使两国政治经济大变动,伊朗有"白色革命"和"伊斯兰革命",伊拉克有复兴社会党革命,为了争夺海湾地区领导权,两国进行了8年的边界战争,现代化进程受挫。取得现代化卓越成就的是以色列。它在发展核能、改造沙漠方面的技术创新成就突出,在实施"经济稳定工程"改革国家经济体制方面也有显著成效。但以色列的扩张主义使阿以矛盾长期存在,是中东地区现代化的最大障碍。

非洲地区:主要在撒哈拉以南地区,已经获得独立的非洲国家采取过两种模式、两条道路发展经济,一是"非洲社会主义"道路,一是"自由资本主义道路"。两者都失败了。20世纪80年代非洲呈现"失去发展的10年"。经济的全球化和西方国家的信息化使非洲一度"边缘化",非洲成为世界上最不发达国家的集居地。但世界经济离不开非洲,在非洲统一组织的努力下,非洲的经济一体化在各地区有所发展,约从1996年起扭转了经济持续下滑的状况。非洲国家高举泛非主义大旗,使非洲统一运动走向更高的阶段。从1999年起开始策划,在2002年终于将"非统"改组为"非洲联盟",非洲的现代化复兴梦,正在扬帆启程。

拉美地区:多数国家虽在19世纪就获得了独立,但一直处于现代化"边缘"和"半边缘"地位,经济上靠出口初级产品维持。尽管墨西哥、巴西等国在20世纪前期有过一些现代化探索,但收效甚微,真正有规模的现代化改革尝试是在 20 世纪 60 年代。古巴革命后,巴西按照普雷维什的理论发展"进口替代"的工业化模式,一度出现了"巴西奇迹"的成效,1980 年人均国内生产总值达到 2288 美元。但此模式给政府财务带来了沉重的负担,产生了通货膨胀等问题。从 20 世纪 80 年代起拉美国家出现两个"失去的 10 年",在此期间各国接受来自美国的"新自由主义"发展模式,放松国家对金融、贸易、投资的市场主导,结果也不尽如人意。随之而来的是 1994 年墨西哥的金融危机和 1999 年巴西等国的金融危机,拉美诸国陷入国际经济学界所说的"中等收入陷阱",如何摆脱尚在探索。

南南合作的发展:亚非拉诸国现代化的根本障碍是北方发达国家建立起的不合理的国际经济秩序和南北尖锐复杂的矛盾。为了应对南北矛盾必须加强南南合作。1964 年,在联合国第一届贸易发展会议上诞生的"七十七国集团"是南南合作的开始。1979 年,在坦桑尼亚发表的"阿鲁沙纲领"是南南合作的指导性文件。1983 年在北京举行第一次南南合作会议,开始了南南合作的正常运转。东南亚联盟、非洲联盟等地区国际组织积极支持南南合作,都期待有新组织的出现。

(四)两极对立的国际格局大转折

20 世纪 70 年代国际格局开始发生大转变,主要表现在三方面:

其一,美国对外战略的转变。1970 年 2 月,尼克松向国会提出《70 年代美国的对外政策:争取和平的新战略》。他认为世界已不再是两极,而是有五大力量:美国、西欧、苏联、中国和日本。

"伙伴关系、实力和谈判"将是美国外交的三大支柱。要用"和缓"的外交手段保持美国在世界的领导地位。他宣布美国退出越战,他出访中国、苏联,倡议与苏联共同进行削减进攻性战略武器谈判、倡议在赫尔辛基举行"欧洲安全与合作会议"。尼克松之后的卡特政府提出"人权外交"要用"水对付火"的办法遏制苏联。布什政府提出"超越遏制"战略,主张要用实力竞赛的办法拖垮苏联。里根政府一度对苏表示僵硬,不久也主张以"新灵活反应战略"对苏联实行和平演变。

其二,中国与亚非拉新兴国家以第三种力量的姿态登上国际舞台。1971年第26届联大,中国在第三世界国家选票支持下,恢复了在联合国的合法席位,接着中美关系正常化,宣布1979年建交。中国随之与大批西方国家建交,到1981年与中国建交的国家达到124个。毛泽东发表"划分三个世界的理论",宣布"中国属于第三世界"。1979年邓小平作为新中国领导人第一次访美,宣布"中国永远不称霸"。在中国的支持下,第三世界国家的国际地位得到空前提高。来自非洲的加利和安南先后任联合国秘书长,这在以前是不可想象的。

其三,苏联对外战略的演变,霸权主义正式出笼。1968年苏联出兵捷克后,提出了"勃列日涅夫主义"。霸权主义成为苏联外交的总方针。由于苏联国内改革的成效欠佳,经济连年衰败,苏联领导集团便把视线转向国外,企图从外部得到补偿。赫鲁晓夫曾以退让策略希望"美苏联合主宰世界"。勃列日涅夫则改变为通过积极进攻战略,美苏争夺霸权主宰世界。为此他进行了两方面的工作:一是在"有限主权论""社会主义大家庭论"的借口下加强对东欧盟友的控制,巩固争霸的基本力量。同时用"天然盟友"

论来掩饰,在亚非拉各地获得与美国争霸的基地。1979年出兵阿富汗是这一政策的顶峰。另一方面在"缓和"的旗帜下,通过各项裁军谈判,扩充军事实力,达到争霸目的。但结果是事与愿违,苏东阵营内部矛盾丛生,走向自毁长城的道路,1991年自行解体。

(五)苏联解体的原因

苏联是第一个社会主义国家,在世界现代史上有着重要地位,它的自行解体对所有选择社会主义道路的国家和人民来说都需要认真研究思考。"冰冻三尺,非一日之寒",苏联解体的根源还要追溯至斯大林的逝世。

1.斯大林之后的苏联领导集团背离社会主义国家的宗旨和马列主义务实求真思想原则,误判国情,轻视民生,造成了脱离人民的后果。尽管最先继任的马林科夫执行过斯大林模式的错误政策,但当他看到农业问题的严重和农民的困苦时,便采取减少赋税、扩大自留地等措施以减轻农民的负担。赫鲁晓夫出于政治夺权的需要,对马林科夫所实施的一系列措施予以批判,虽然他批判对斯大林的个人崇拜是对的,但全盘否定斯大林,就将许多属于社会主义的东西也否定了,实际上也否定了社会主义国家要为人民谋幸福的宗旨。勃列日涅夫批判赫鲁晓夫的"民主化",恢复了集权政治,比斯大林时期有过之而无不及,特别是他执政时期的干部特权化、腐败行为是斯大林时代少有的。赫鲁晓夫提出的"20年建成共产主义论"和垦荒计划,勃列日涅夫提出的"发达社会主义论"和"新经济体制"改革政策都脱离实际。带来的后果是经济"停滞时期",国民经济和国民收入水平连年下降,以至出现负增长。人民生活水平下降,地区经济发展不平衡,导致社会矛盾与民族矛盾丛生。这是苏联解体的重要原因。

2. **这是苏联对外政策异化变质的结果**。斯大林时期苏联对外政策有过大国主义错误,但没有丧失本质,没有异化。例如,斯大林签署的《雅尔塔协定》在对华问题上有错误,但新中国成立后他对华的援助是真诚的,仍坚守无产阶级国际主义原则。斯大林之后的苏联领导人则不然了。中苏对国际共运的分歧和论战,居然能使苏联撤回专家、撕毁合同,最后发生边界战争,使社会主义阵营不复存在。东欧各国人民本来是欢迎苏军帮助他们解放的,但随后苏联的控制政策阻碍了他们的发展。勃列日涅夫的高压政策和出兵捷克,导致当地居民向西德逃亡和波兰工人的三次起义。诸多事件的发生使东欧剧变势在必行。

3. **这是苏联的现代化改革落后于先进的世界潮流的结果**。进行现代化需要不断地对外开放交流,调整革新。苏联的工业化最初按照斯大林模式优先发展重工业,但在"二战"后民生问题突出时欠缺调整政策,关系民生的轻工业、农业始终处于落后状态。第三次技术革命苏联本来是走在世界前列的,但到20世纪70年代,当电子计算机信息技术独领风骚时,苏联没有及时调整科研与生产方向,在微电子技术、生物工程等新兴产业方面远远落后于西方。苏联仍着眼于将重工业产品和重型武器的数量作为赶超西方的目标。而美国也用和平攻势,利用限制军备的谈判和竞赛来削弱苏联新技术的研制。苏联为了争霸没有反其道而行之,却一味地进行战略武器制造,结果损耗大量国力,正中美国下怀。据世界银行统计,1980年苏联的国民生产总值只及美国的46%,人均国民生产总值只及美国的40%。

4. 戈尔巴乔夫改革的失误加速了苏联的解体。安德罗波夫和契尔年科都是在暮年才开始执掌大权，都是执政一年没多久以后就与世长辞，这促使苏共中央选择了较为年轻的戈尔巴乔夫来继承执政。戈尔巴乔夫没有做好改革苏联现状的准备，没有经过深思熟虑的改革方案。他的纲领性著作《改革与新思维》在他上台两年后才拿出来。他在主观上是要改革的。他上台后平反冤假错案、从阿富汗撤军、恢复中苏关系正常化等举措是对的，但他没有将改革重点放在经济方面，优先解决已经十分突出的民生问题，使民心安定，这是一大失误。他盲目地提出"公开性""民主化"的口号，使诸多早已存在的民族问题、社会问题突显出来。他的《改革与新思维》中心内容是要搞民主社会主义，这是脱离苏联实际、违背马列主义的。他既得不到要走资本主义道路的以叶利钦为首的"激进派"支持，也得不到以副总统亚纳耶夫为首的"传统派"的支持。为了维护自己的统治地位，戈尔巴乔夫便从外部寻求援助。为了讨好美国，他在限制军备的谈判中一味让步，使苏联损失严重；在对待"柏林墙"、两德问题和东欧撤军问题上，他为适应西方的期待而匆忙办理，未与当时各国领导人充分协商，导致各国政变，迅速改变政权性质。1991年的"八·一九"事变发生后，他无力控制局势，只好按以叶利钦为首的"激进派"的要求行事。1991年12月25日，戈尔巴乔夫通过电台正式宣告辞职，解散苏联共产党和有74年历史的苏维埃社会主义共和国联盟。

(六)20世纪后期的世界文化特点

20世纪后期，由于信息技术的大发展、知识经济的到来和国际环境的相对宽松，世界文化呈现出新的特点：

1. 文化知识"大爆炸"现象的出现。20世纪70年代以来每年约有50余万种图书问世，20世纪80年代每天发行报纸5亿份、杂志6万种。据英国科学家詹姆斯·马丁测算，人类知识的倍增周期在19世纪约为50年，20世纪中叶约为10年，20世纪70年代仅为5年，20世纪80年代以来几乎到了3年翻一番。据联合国教科文组织统计，科学知识的增长率在20世纪50年代每年增长率为9.5%，20世纪60年代为10.6%，20世纪80年代为12.5%，20世纪50－70年代人类创造的知识约等于过去2000年的总和。

2. 反对传统也反对现代主义的后现代主义文化思潮登场。经过"二战"，许多现代派文化被纳入了主流文化。为了抗争新的社会问题带来的痛苦和信息化带来的西方社会人的异化，在知识青年中出现了反主流文化的新左派、嬉皮士运动及女权运动的人群。他们的情绪很快就反映到哲学人文学科和文学艺术各领域，其特点是比现代主义更加的反传统。它主张颠覆主体、突出个体，只有个体经验，没有总体的同一认识，主张放弃终极真理的追求，重视过程轻视目的，只重视事物本身，轻视去构建体系。例如，哲学领域中对结构主义的批判、对存在主义的否定，文学艺术中的魔幻现实主义、波普艺术、摇滚乐等。

3. 文化的多元化、多样性更放异彩。20世纪以来，文化的多样性一直在发展。首先是在各文化领域内部的多样性表现。随着物质生活的丰富和大众传媒的发达，社会文化和宗教文化领域内部出现了多样性的发展。消费主义文化的盛行就是典型一例，该文化使人们的消费观念从使用价值消费转到时尚价值消费，从物的消费转到符号消费,追求"名牌"。又如原有的宗教文化在新时代潮流的推动下进行改革,以新的内容和方式展现在世人面前。罗马教廷把社会解放要求融入宗教信仰形成"解放神学"。在非洲出现民族化教会。古老的佛教加大群众化、世俗化、现代化改革,拥有越来越多的信众。

4. 国际文化交流的空前繁荣。信息技术使五大洲的观众在同一时间看一场球赛和演出,这是历史上从来没有的。这种文化欣赏方式引起了人们对比较文化和跨国文化研究的兴趣,相应学科建立起来。和平与发展的国际形势,使得超意识形态的体育运动会、博览会的文化交流更加频繁,规模越来越大。此外,各种有文化内涵的非政府组织也纷纷建立,这一切也都使世界走向全球化成为不可更改的历史潮流。

1992年10月24日是联合国日,秘书长加利在致辞中宣称:"世界进入了全球化时代。"结合历史实际观察,这种提法是有道理的。进入21世纪后,世界处于大发展、大变革、大调整的状态,和平与发展仍然是时代的主题。世界多极化、经济全球化、社会信息化、文化多样化深入发展、全球治理体系和国际秩序的变革正在推进。各国相互联系和依存日益加深,诸如金砖国家的联合兴起了,和平与发展的趋势不可逆转。但是,世界仍面临诸多不确定性和挑战。世界现代史作为历史学科对于现状问题不宜多讲,但继续记录和研究世界的变化、探讨中国在世界上的作用,仍是世界现代史教学与研究者的一项义不容辞的任务。

世界现代史学科发展述要

张象

一、世界现代史学科的缘起

世界现代史在西方史学界一直不被作为世界通史的重要部分,甚至不被承认是一门历史学科。西方史学者通用的 Mordern History 一词,既指近代史,也含现代史之意,没有专门的"世界现代史"这一名称。因为西方传统是把历史学的下限规定在国家档案公布的年代,而国家档案要在事件发生的 50 年后公布,所以现代史在西方学者看来尚不能成为历史。20 世纪 60—70 年代,一些西方国家将外交档案公布的年代缩短为 30 年,出现了 Contemporary History(当代史)的名称和著作,但并不作为是 Mordern History(近代史)的衔接和继续。不过有些国际政治学著作对研究现代史也颇有参考价值,例如 1933 年美国教授郎萨姆(Langsam)出版一本《1914 年以来的世界》,颇有影响,多次出版。英国史学家汤因比主编《国际事务概览》,由英美学者按年代编写 1924—1977 年共 46 卷,颇有历史特征。但它们仍不被看成为历史学著述,更不视为完整的世界现代史。20 世纪 70 年代以来出版的多种《全球史》,现代部分都十分薄弱难成体系,对西方世界史学者来说，现代史教研仍然是新问题。

世界现代史作为一门正式历史学科的出现是在苏联。为了突出第一次世界大战和十月革命的划时代意义，苏联史学家们将世界近代史分为三个时期。第三个时期讲1913年"一战"爆发以后的历史。大约从1946年起，苏联各级党校和大学文科将此近代史的第三个时期改为独立课程开设，其名称是俄文近代史 НОВАЯ ИСТОРИЯ 一词的比较级 НОВЕЙШАЯ ИСТОРИЯ，意为更近的历史，汉语译为现代史。汉语词汇丰富，不像西方语言仅有 Mordern 一词表示较近的意思。汉语有"近代""现代""当代"等词，起初它们的意思差别不大。由于翻译俄文历史著作，也就区别开了，变为"近时期""更近时期""最近时期"的称谓。1948年联共（布）中央高级党校教师祖波克等4人将其讲述现代时期的世界各国史，主要是将西方各国历史的讲稿出版成书，名为《世界现代史》。这标志在苏联正式开始了世界现代史新学科的建设，是世界史学发展的先进之举。1954年苏联着手编写世界通史10大卷，从第8卷起为世界现代史。其缩写本由明茨主编，起名为《苏维埃俄国与资本主义世界（1917—1923年）》1957年出版（中译本由三联书店1960年出版）。第8、9、10卷从1917年写到1945年第二次世界大战结束。从1977年起又出版第11、12、13卷，从1945年写到1970年为止。这样现代史部分占全部通史一半以上的篇幅，这在世界上是独一无二的。

在我国，约从抗日战争后期开始，有极少数学者将"西洋史"改称为"世界史"，但涉及现代的极少。当时的"西洋史"教学下限通常到第一次世界大战前，没有现代部分。个别教师讲到现代西洋史，也十分随意。例如，抗战时期西南联大的一位教师皮名举就声称:"希特勒打到哪里,我就讲到哪里。"抗战胜利后到新中国建立前,各校陆续将"西洋史"改称为"世界史",但内容很少讲到第一次世界大战之后。个别有例外,例如燕京大学的齐思和教授开设过《西洋现代史》课程,但并不完整。在我国世界现代史教研工作的正式开始还是在1949年新中国成立之后。

二、1949—1978年我国世界现代史学科的初步建立

1949年新中国成立后,百废待兴,最先涉足世界现代史教研工作的是中国人民大学、东北大学(后改名东北师大)、河南大学等少数院校。因为新中国建立,为适应培训干部,特别是培训涉外工作干部的需要,在世界通史的教学中增加了现代史部分。例如,中国人民大学外交系、世界通史教研室,将其教学成果整理后,写出《世界近代史与现代史提纲》,发表在建国初期最重要的学术期刊《新建设》1953年第7号。编者说明该提纲虽然吸收苏联教学成果,但为适应我国实际情况,现代史部分有较大的修改和增删。河南大学史地系为适应教学需要,编选《世界现代史资料选辑》,1952年由河南文教出版社正式出版,还引起日本学者注意,译成日文于1954年9月由日本青木书店出版。

1953年9月,我国将世界现代史正式确立为一门学科。因为全国院系调整后需要统一教学体制。北京大学和南开大学历史系负责人,参考莫斯科大学的教学规划,草拟了一份历史专业的教学规划,规定要有17门基础课,世界现代史是其中之一。由于这是前所未有的新课,最先讲授世界现代史课的教师一般是已

有外国史教学阅历的教师。如南开大学的雷海宗、杨生茂先生，复旦大学的靳文翰先生，武汉大学的张继平先生等。他们曾留学美国与西欧国家，能使用西方资料，注重材料的广泛性。对许多问题的分析，如对"二战"问题的分析，不同于苏联教材。他们精通古代史、近代史和中国史，讲授现代问题能追根溯源，广泛联系。[①] 遗憾的是未能继续将这些教师安排在现代史领域工作。

在部分学校有了初步的教学实践后，1956年7月和8月高教部先后召集了两次会议，讨论修订由北京大学、南开大学、中国人民大学、外交学院起草的综合大学世界现代史教学大纲和由北师大等校起草的高等师范院校世界现代史教学大纲。这两种统一的教学大纲在国内的推广使用，对该新学科的建立起了架梁的作用。大纲规定该学科的宗旨是："世界现代史拟以社会主义生产方式的确立和扩大为分期的标志。根据这个原则，世界现代史分为两个时期。"[②]即1917—1945、1945年至今。

教学大纲确定之后就是专业队伍的建设问题。约在20世纪50年代末和60年代初，高教部和各院校采取了三项措施：一是动员一些外语与历史教研经验较好的中老年学者转行从事这一

[①] 雷海宗先生，原清华大学历史系主任、学贯古今、中西并通，院系调整后调到南开大学历史系任世界史教研室主任。他在开设世界古代史课的同时率先在1953年开设了世界现代史课。他不按苏联教材的分段法讲，论及法西斯思想根源，追溯到古代罗马，旁征博引，深入浅出，引人入胜。他批判"欧洲中心论"，指出："我们中国既是一个亚洲国家，并且是一个亚洲的大国，在我们的世界史课本中就必须考虑亚洲各国所当占有的恰如其分的地位。这对于培养学生世界范围地看世界问题，而不是欧美中心地看世界问题的习惯，是非常重要的。"

[②] 中华人民共和国高等教育部审订：《世界史教学大纲》，北京：高等教育出版社，1957年，第114页。

新学科;①二是选派一些青年教师和学生赴苏联东欧国家留学;三是将一批本科生和研究生留校从事此专业。前两类人数很少,第三类为数最多。这三类学人构成了我国专职的世界现代史教研队伍。

20世纪50年代前期,我国各行业都普遍重视"学苏联",对世界现代史这门新学科来说就更加如此了。1954年祖波克主编的《现代世界史》由人大外交系世界通史教研室译成中文,作为各校教材与参考书使用。1956年,三联书店在正式出版时做了一些修改。同期还翻译了苏联的其他现代史著述作为主要参考书。②1955—1957年间举办了由苏联专家主讲的有关世界现代史内容的进修班。例如:在北京国际关系学院由列·库达柯夫③主讲的"现代国际关系史进修班";由东北师大主办,由科切托夫主讲的"东南亚及远东各国近现代史进修班"和尼基甫洛夫主讲的世界史进修班;华东师大主办了苏联专家波伐良也夫主讲的"世界近现代史进修班"。这些培训活动面向全国招收学员,对该

---

① 南开大学的梁卓生先生曾留学美国研究美苏关系,学习了俄语,新中国成立后回国,先在教育部工作,后调至南开大学,1957年作为专职教师,开讲世界现代史。又如齐世荣先生,早年就读清华大学历史学,1954年应聘到北京师院(今首都师大),专攻世界现代史,后成为我国该学科的带头人。

② 早期选译苏联的现代史著述有:瓦尔加:《帝国主义经济与政治基本问题》,北京:人民出版社,1954年;茹科夫主编:《远东国际关系史》,北京:世界知识出版社,1959年;基姆主编:《社会主义时期苏联史(1917—1957年)》,北京:三联书店,1960年;《揭破历史捏造者(历史事实考证)》,北京:人民出版社,1956年;伊万诺夫:《第二次世界大战期间国际关系概述》,北京:高等教育出版社,1959年。

③ 库达柯夫:《现代国际关系史》,北京:世界知识出版社,1959年;科切托夫:《东南亚及远东各国近现代史》第3分册,北京:高等教育出版社,1960年。

学科骨干力量的培养起过积极的作用。

1957年11月是十月革命40周年,毛泽东出访苏联,与各国共产党工人党领导人签署了《莫斯科宣言》,其中明确指出了我们时代是从十月革命开始的。于是在国内围绕着十月革命问题,发表了大批论文,形成一个研究热点。另一研究热点是关于第二次世界大战的起点、原因和性质问题。从1956年底到1957年,在《光明日报》《史学月刊》等报刊上有许多论文发表,并有不同意见的论争,这标志着我国学者对世界现代史问题的学术研究也开始了。

1958年全国掀起"大跃进"热潮。世界现代史作为基础课,尚无教材,是史学领域"跃进"的一个关注点。不少院校师生齐上阵,编写教材,突出的重点是要使世界现代史成为我们时代的历史,落实《莫斯科宣言》的时代论断,阐述从十月社会主义革命开始的由资本主义向社会主义的过渡。同时高举毛泽东思想的旗帜,落实针对"苏共20大"我党连续发表的《论无产阶级专政的历史经验》的思想。不久开始的"中苏论战"也为世界现代史的教学与研究提供了新思维。

从1959年起高教部召开了一系列历史问题座谈会,总结群众运动成果,修订1956年部订教学大纲。在高教部的支持下,北大、人大、北师大、北师院、河北北京师院、北京国际关系学院及东北师大等院校,于1961—1962年协作编写了一部较完整的世界现代史教材。原准备成为周、吴主编的《世界通史》一部分,但未能实现。由于中苏分歧的加剧,国际形势的剧变使其未能出版,不过它的影响甚广。这算是中国学者编写的第一部较完整和较成熟的《世界现代史》。虽然它脱胎于苏联教材,但还是有诸多改变。首先它没有按"总危机"理论以 1939 年来分期,而是以 1945 年反法西斯战争胜利为分期界线。同时初步改变苏联教材中国别史罗列的状况,有部分的综合,基本确立了按社会主义、帝国主义、民族解放运动三条线来讲授和研究世界现代史的"两段三线"体系。如果要考查世界史学科的发展情况,这部书有代表性和资料价值。①

1966 年"文化大革命"开始后,一切正常的教学与研究工作都中断了。不过进入 20 世纪 70 年代后,毛泽东提出了"划分三

---

① 该教材第一时期为 1917—1945 年,其中分为 4 段:1917—1923 年、1924—1929 年、1929—1939 年、1939—1945 年。具体表述是:第一章,伟大十月社会主义革命开辟了人类由资本主义向社会主义、共产主义过渡的时代。第二章,十月革命后的世界形势,苏维埃人民粉碎帝国主义武装干涉和国内反革命叛乱的斗争(包括凡尔赛—华盛顿体系)。第三章,十月革命影响下的资本主义国家无产阶级革命风暴。第四章,十月革命影响下的殖民地半殖民地民族解放运动的高涨。第五章,苏联人民为实现列宁关于建设社会主义的伟大纲领而斗争。第六章,相对稳定时期的主要资本主义国家,各国共产党整顿党的队伍,为迎接新的革命战斗而斗争。第七章,资本主义暂时局部稳定时期殖民地半殖民地民族解放运动的持续高涨。第八章,资本主义世界经济危机,资本主义各国人民反对法西斯和帝国主义战争威胁的斗争。(含两个战争策源地形成与美英法纵容、罗斯福新政)。第九章,世界经济危机影响下的殖民地半殖民地民族解放运动的高涨。第十章,社会主义苏联的胜利。蒙古人民为彻底完成人民民主革命而斗争。第十一章,资本主义世界逐步卷入第二次世界大战。(包括中国抗战开始与西班牙战争、慕尼黑阴谋。第十二章,第二次世界大战。以苏联为主力军的世界反法西斯战争的伟大胜利。"二战"后分 1945—1949 年,1949—1957 年两个时期)。第十三章,战后世界形势的巨大变化。社会主义阵营的形成,苏联国民经济的恢复和国际地位的空前提高。第十四章,欧洲社会主义国家的诞生和巩固。第十五章,蒙古人民共和国为建设社会主义而斗争,朝鲜民主主义人民共和国和越南民主共和国。第十六章,帝国主义阵营的严重削弱,美帝国主义成为世界反动侵略势力的中心,资本主义国家人民反对垄断资本主义的斗争。第十七章,反法西斯战争胜利后民族解放运动的普遍兴起。(以下略)

个世界理论",中央号召"读一点世界史","中共十大"又提出:"我们的时代仍然是帝国主义与无产阶级革命的时代。"因此,部分院校招收工农兵学员之后,便恢复了世界现代史教学和有关的一些课题研究工作。但由于"四人帮"和林彪极"左"路线的干扰,整个教育、科研体制还未正常化,世界现代史教学与科研活动仍处于停滞状态。

三、1978年以来世界现代史学科总体建设的重要成就

1978年中国的改革开放带来了科学的春天,从1979年起世界现代史学科也得以沐浴春光阔步前进。从学科的总体状况来看,30余年来有如下突出的成就。

(一)学科队伍的重组与扩大

我国世界现代史学科的专业队伍,到20世纪60年代初才见雏形。而在之后"文化大革命"的冲击下,这支十分幼小的队伍几乎不复存在。1979年4月在北京召开的全国世界史学科规划工作会议上注意到了这一状况。会后在中国社科院世界史研究所的策划与支持下,由安徽师大等高校发起,于5月12—20日在芜湖举办了我国有史以来第一次世界现代史学术报告会,同时讨论学科队伍建设问题。与会的24位来自全国各地的高校与研究单位的代表,一致决定组建一个群众性的学术团体——世界现代史研究会,以便将全国从事世界现代史教学与研究的专业工作者及业余爱好者组织和动员起来,在马列主义和毛泽东思想的指导下

进行教研工作。同年8月在兰州举行了成立大会,有百余位代表参加。由老中青三代人组成的学科队伍开始组建起来了。第一代是1949年前大学毕业并已从事多年史学工作的老学者。如复旦大学的靳文翰教授被推选为研究会理事长,首都师大的齐世荣先生被推选为副理事长兼秘书长。第二代是新中国培养的大学生和研究生于20世纪50年代后期到60年代初期开始从事该学科教研工作的中年学者。这部分的人数相对较多,他们中蕴藏着极大的积极性和创造性,大多担任研究会的理事和各分会负责人。第三代是改革开放后培养的大学生和研究生(包括少数"工农兵学员")。他们是初入门的年轻学人,有待培养和提高。研究会于1986年和1992年在烟台与连云港举办了两届中青年教师培训班,皆有百位学员接受培训。[①] 靳文翰先生因年事较高,理事长工作不久即由齐世荣先生接任。齐先生学贯中西,"文化大革命"前就从事世界现代史的资料翻译与编选工作。他利用在北京工作的条件,积极联系全国同仁,为学科发展积极奉献。由于有研究会的联系,一些地区性的"学术组合"出现了。编写出新教材与教学资料对培养新人有着重要作用。[②] 2000年第二代学人、

[①] 1986年7—8月在烟台举办第一期中青年教师培训班,来自全国27个省市101位学员参加,由齐世荣教授、西北大学彭树智教授等高浓度地向学员介绍世界现代史的意义和如何进行教研的问题。1992年7月在连云港举办该学科的中青年教师二期培训班,除齐先生和李植枏先生讲授学科总体问题外,还有李巨廉、张宏毅、张象等教授讲述战争与和平、人权、非洲问题等专题。

[②] 研究会的活动促成了不同单位学者的联系。例如,武汉大学李植枏和华中师大高明振老师牵头组建"武汉—中南地区组合",在吴于廑先生指导下工作。"京津地区组合"由北师大卢文璞老师积极联系以张象为首的天津世界现代史老师与北大徐天新,北师大张宏毅、黄安年一起组合,在齐世荣先生指导下工作。

北师大张宏毅教授接任学会理事长,2006年第三代学人、中国人民大学李世安教授又接任此职。这反映了学科队伍不断地发展。齐世荣先生曾语重心长地指出:世界史学科的打基础工作还将延续到下世纪头几十年。"关键在于队伍的适当的扩大,特别是质量的提高。'人存政举',没有一支好的队伍,任何方案也实现不了。"①

(二)学科理念的拨乱反正与更新

解放思想、打破禁区、拨乱反正、更新理念,这是我国改革开放初期各学科都在进行的工作。对世界现代史学科来说,有两方面工作要反思。一是苏联现代史学的影响问题,二是林彪"四人帮"在国际问题上的极"左"思潮对学科的影响。从1979年世界现代史学会召开的第一届学术讨论会和编选的我国第一本《世界现代史论文集》开始,这项工作就开始了。关于"学苏联"问题,多数意见认为20世纪50年代这样做是必要的,因为那时只有苏联有较完整的世界现代史,而且是努力用马列主义解释问题,重视人民群众和被压迫民族的历史作用,力求探讨历史规律。对于苏联现代史著作中的教条主义、大国主义、繁琐哲学、国别史罗列的"切豆腐块"体例等弊端,当时国内学者已有觉察并做了一些改变。由于那时除苏联参考书外别无其他,故很难摆脱其体系和内容的影响。20世纪60年代初中苏论战开始,大家在教学中也开始注意分辨苏联史学的影响问题。如果将这一时期我国的世界现代史教研简单地都归结为"学苏联的一套"则是不准确的。

---

① 见《中国世界现代史研究会通讯》第21期,第7页。

笔者从1962年起从事世界现代史教学工作，1978年后仍然继续，并在研究会从事一些负责工作。笔者在参与学界拨乱反正讨论后，经过前后对比，深感我国世界现代史的教研工作在学术理念上有如下几方面的更新：

其一，对现代资本主义的重新审视。"四人帮"炮制了一种时代观："帝国主义走向全面崩溃，社会主义走向全世界胜利的时代。"因此，要求讲授西方国家的现代史要尽量多讲其危机与腐朽，资本主义像似"日薄西山，气息奄奄"。但改革开放后，面对西方世界的现实，此论不批自灭。随之而来的是如何解读现代资本主义的诸多新发展、新问题。例如，对国家垄断资本主义、福利国家制度、民主社会主义政治、经济滞胀等问题都有了新的论证。[①]

其二，对社会主义制度的成长重新审视。"四人帮"为了达到其政治目的，提出"无产阶级专政条件下的继续革命理论"，炮制"全球一片红"的神话，并在报刊大肆宣传"世界革命"和"速胜论"。改革开放后，邓小平提出了"社会主义初级阶段"的理论，为我们重新认识我国与世界的社会主义事业提供了一把新钥匙。于是，列宁的新经济政策和不同社会制度的和平共处理论重新受到重视。如何评价"斯大林模式"，如何解读赫鲁晓夫与勃列日涅

[①] 下列著作能反映新观点。刘宗绪、杨生茂主编：《战后美国史 1945—1986》，北京：人民出版社，1989年；黄安年：《当代美国的社会保障政策》，北京：中国社会科学出版社，1998年；李琮：《当代资本主义的新发展》，北京：经济科学出版社，1998年；高峰：《发达资本主义经济中的垄断与竞争——垄断资本理论研究》，天津：南开大学出版社，1996年；蔡声宁、王枚编：《当代发达资本主义国家阶级问题》，石家庄：河北人民出版社，1987年；王振锁：《日本战后五十年》，北京：世界知识出版社，1996年；张契尼、潘琪昌编：《当代西欧社会民主党》，北京：东方出版社，1987年。

夫的改革,便成为新的热点课题。天津的张义德老师、北京的陈之华老师曾领先这方面问题的探讨。①

其三,对国际关系与世界态势走向的重新审视。林彪"四人帮"曾大肆宣扬"世界大战不可避免论",大搞"深挖洞""备战备荒"活动。改革开放后,邓小平从国际态势的实际出发,提出了"和平与发展是时代主题"的论断,使世界现代史研究者也重新审视"冷战"与东西南北的国际关系问题。②

其四,首次将科技发展和如何现代化的问题确定为世界现代史教学与研究的重点。"四人帮"曾大肆批判"唯生产力论"。改革开放后,召开科学大会提出在现代时期科学技术成为"第一生产力"的论断。科技界最先论及此问题。③ 史学界也非常重视该问题。天津与武汉等地的现、当代世界史学会举办"科技发展与

---

① 南开大学张义德老师与七所院校教师最先进行探索编出《苏联现代史(1917—1945)》,长春:吉林文史出版社,1988年;另有陈之华主编:《苏联史纲(1917—1937)》,北京:人民出版社,1991年;《苏联史纲(1953—1964)》,北京:人民出版社,1996年。

② 参见宦乡:《纵横世界》,北京:世界知识出版社,1985年;《续编》,北京:世界知识出版社,1991年;石磊主编:《现代国际关系史》上、下册,北京:燕山出版社,1995年;张宏毅编著:《简明现代国际关系史》,北京:北京师范大学出版社,1993年。

③ 诸如:中国科学院自然科学研究所近现代史研究室编:《20世纪科学技术简史》,北京:科学出版社,1985年;黄顺基、李庆臻主编:《大杠杆—震撼社会的新技术革命》,济南:山东大学出版社,1985年;杨沛霆等:《科学技术论》,杭州:浙江教育出版社,1985年;宋健主编:《现代科技技术基础知识》,北京:科学出版社,1994年;严家栋主编:《科学技术是第一生产力十讲》,上海:上海人民出版社,1993年,等等。

现代社会"的学术讨论会。① 20世纪80年代出版的多种现代史教材都尽量在书后加一章"科技史知识"。②但由于这方面的基础太弱,研究太差,很难见到成效。与科技问题相联系,现代化问题也引起学者们的注意,北京大学罗荣渠先生的开拓性研究颇有影响,得到普遍赞同。③

其五,首次强调世界现代史必须要有世界现代文化的内容。以"阶级斗争为纲"的极"左"思潮,使近现代历史教学只重视政治而轻视文化,现代革命史、国际共运史一度取代近现代史的教研活动。南开大学的现代史教师们在1979年第一届世界现代史研究会上就著文强调世界现代史必须是政治、经济、文化的全面反映,他们写道:"经济是历史的骨骼,政治是历史的血肉,文化艺术是历史的灵魂。如果我们要把历史写得全面而深刻,丰富而生动,这些方面不可缺一。"④问题提出后获得了普遍的赞同,但落实起来是很困难的,因为学科的基础太差。笔者曾负责天津和华北地区世界史学科研究会的工作,为此组织会友进行研究,有一

---

① 1989年12月天津世界当代史研究会举办"科技发展与当代社会"学术讨论会,联合自然科学史专家一起讨论。1991年10月又与《历史研究》编辑部联合举办"科技发展与现代历史"学术讨论会,具体探讨科技是怎么成为现代历史的前进动力,怎样体现为"第一生产力"。见《历史研究》1992年第2期,张象文。

② 例如:王春良、朱茂锋、张培义等编:《世界现代史》上册,济南:山东人民出版社,1983年;夏景才、王桂厚、曲培洛主编:《世界现代史》,长春:吉林文史出版社,1983年,等等。

③ 参见:罗荣渠:《现代化新论》,北京:北京大学出版社,1993年;《罗荣渠与现代化研究—罗荣渠教授纪念文集》,北京:北京大学出版社,1997年。

④ 世界现代史研究会编:《世界现代史论文集》,1980年,第17页。

些初步成果。①

(三)构建起了战后世界史的教学与研究的基础

如果说在世界通史中世界现代史还是新领域,是有待开垦的处女地,那么战后世界史则又是这块处女地中的处女地。1978年之前,这部分的教学基本上是作为时事政治课处置。1978年恢复高考后,考虑到当时我国外交政策正在调整,决定将"高考"世界史的下限定在1945年,于是1945年之后的战后世界史(即当代世界史)在中学历史教学中基本中断了。在高校,特别是师范大学的世界现代史教学中,这部分内容也都草草地带过。在各种历史期刊中这部分的论文更是罕见。那么,应该怎样对待这部分的教研工作呢?笔者在1980年撰文提出此问题,②从马克思、恩格斯关于写历史"应从后面开始",即从当代史开始的论断讲起,结合国内改革开放的需求与国际史学动态,说明这部分教研工作不能放松。此倡议得到普遍赞同。1985年5月世界现代史研究会在安徽举行第三届年会,专门讨论加强战后世界史的重要意义并发表纪要,③一致认为这是"一项不容轻视、紧迫的战略任务"。"二战"前仅28年历史,战后已40多年,如果这段历史不讲,青年学生连报纸也看不懂,将成为"史盲",这与我国对外开放

---

① 1987年5月天津世界当代史研究会举办"世界当代文化思潮"学术讨论会,还吸收史学界以外的哲学、文学艺术界学者参加。由张象、黄若迟主编,华北地区10多位现代史老师参加编写:《20世纪世界文化》,成都:四川人民出版社,1994年。

② 张象:《应该从后面开始—谈当代史研究与教学的"危机"》,载于《世界史研究动态》1981年第1期。

③ 见1985年6月《中国世界现代史研究会通讯》第1期。

的现实是不相适应的。在诸多学者的倡议和论证之下,①当代世界史的学科地位被公认,它以独立的课程出现在大学的课表之中。在胡绳等专家的参与建议下,中学历史教学大纲有了改变,1996年人民教育出版社编写的《高中世界近现代史》课本,当代部分占有1/3的篇幅,叙述下限到20世纪90年代初。学者们还对当代史的特点进行了讨论,认为这是世界通史的最后一部分。如果说历史是凝结了人类活动记录,那么当代史则是刚刚凝结了的记录,它与国际政治、经济等学科最大的不同是,后者研究的是正在进行或正在凝结的尚不稳定的人类活动。②

构建新学科首先是资料的整理和建设。对世界当代史来说,一方面,资料多如牛毛,严重缺乏整理和翻译;另一方面,是有些资料由于政治原因又十分短缺。故这方面的工作艰巨困难。刘同舜、姚椿龄等上海学者编译的《战后世界历史长编》③;齐世荣

---

① 参见欧正文:《建立"当代世界史"专门学科刍议》,《史学月刊》1984年第4期;张宏毅:《世界史学科建设中一项紧迫的战略任务—编写战后世界史教科书》,《世界历史》1985年第10期;黄安年:《建设富有时代气息的当代世界史》,《光明日报》1989年1月4日,等等。

② 见1986年世界现代史研究会华北分会举行战后世界史教学问题讨论会。张象发表《试论当代世界史的特点》的报告,该文发表于《历史教学》1987年第2期。

③ 刘同舜等编:《战后世界历史长编》(第1—6册),上海:上海人民出版社,1975—1980年;刘同舜、高文凡主编:《战后世界历史长编》(第6册),上海人民出版社,1985年;刘同舜、姚椿龄主编:《战后世界历史长编》(第7—10册),上海:上海人民出版社,1989、1992、1994、1997年;时殷宏、魏佳禾主编:《战后世界历史长编》(第11册),2000年。

主编,张宏毅、黄安年、张象为分册主编的《当代世界史资料选集》①;张象主编并与天津学者共同执笔的《世界当代史教学与研究工具书——当代世界知识新辞典》②,对该学科的基础建设均颇有贡献。

20世纪80年代中后期到90年代初,约有50多种《世界当代史》教材、资料、著作出版问世,论文有8000多篇。尽管存在彼此重复的问题,但也各有特色,反映了世界当代史学科从此建立起来了。③应用较广的是齐世荣主编的《世界史》当代卷,该书叙述至"冷战"终结之后。该书对当代政治、经济、文化全面反映,给读者以整体的理念。④

(四)世界现代史体系的大更新

从20世纪50年代到80年代,我国世界现代史的教研体系

---

① 齐世荣主编:《当代世界史资料选辑》(1945—1970)。第一册,国际关系,张宏毅主编,首都师范大学出版社,1990年;第二分册,西方国家部分,黄安年主编;第三分册,亚非拉国家部分,张象主编,首都师范大学出版社,1996年。

② 该辞典由天津世界当代史研究会组织编写,按分类编辑词条,都附有参考书目,1993年由南开大学出版社出版。

③ 诸如:李植枬、高明振主编:《当代世界史》,武汉:武汉大学出版社,1986年;张象、黄若迟:《世界当代史讲座》,《历史教学》1987—1988、1993年连载;王斯德、钱洪主编:《世界当代史》,北京:高等教育出版社,1989年;徐天新、梁志明、谭圣安、李玉:《当代世界史》,北京:人民出版社,1989年、1993年再版;吴继德主编:《当代世界史》,昆明:云南大学出版社,1989年;沈学善、张脉强主编:《世界当代史》,南京:南京大学出版社,1991年;金重远主编:《战后世界史》,上海:复旦大学出版社,1995年;黄安年:《当代世界五十年》(1945—1995),成都:四川人民出版社,1997年;王春良主编:《新编世界现代史(1900—1988)》,北京:东方üder社,1989年,等等。

④ 齐世荣主编:《世界史·当代卷》,彭树智分卷主编,张象、徐蓝、吴伟、苏瑞林撰写,高等教育出版社,2006年版。

一直是以俄国十月革命为起点,讲述从资本主义向社会主义的过渡,划分为两大阶段。但改革开放后,经吴于廑、齐世荣先生的倡议有了改变。1979年吴于廑参加在芜湖召开的世界现代史学术报告会,按马克思主义的世界史观提出世界近代史应始于15、16世纪,世界现代史则应以20世纪初为起点的主张。① 齐世荣先生接过吴老的主张,进一步具体化,②提出世界现代史的特点和它的"研究对象是从20世纪初到今天世界走向整体化的过程""完整意义的世界史,在20世纪终于形成""在一定意义上可以说世界史就是现代史",反过来看"现代史就是世界史"。③ 他还回答了为什么要以20世纪初作为世界现代史起点的问题。这是因为任何一种社会形态的过渡都有一个过渡期,从1900—1919年的六大事件显示了这一过渡期:一是经济基础从自由资本主义过渡到帝国主义;二是第一次世界大战;三是十月革命与第一个社会主义国家诞生;四是列宁主义诞生;五是亚洲觉醒,殖民体系危机开始;六是美、日崛起,世界政治格局变化。④ 以李植枬教授为首的武汉地区老师们最先使用整体史观编写现当代史。⑤ 从1985年起,吴于廑、齐世荣先生在国家教委的支持下,吸收全国力量,依据马克思主义的世界史观,编写了6卷本《世界史》,第

---

① 吴于廑:《谈谈世界历史的产生及其他》,《世界史研究动态》1979年第5期。
② 见齐世荣:《关于开展世界现代史研究的几个问题》,《历史教学问题》1988年第2期。
③ 吴于廑、齐世荣主编:《世界现代史编》前言,北京:高等教育出版社,1994年。
④ 1998年8月15日齐世荣在通辽市内蒙古民族大学举办的世界现代史学术会议上的报告,见《中国世界现代史研究会通讯》1998年11月第18期,第5页。
⑤ 李植枬、高明振、唐希中主编:《从分散到整体的世界史》(现代、当代两分册),长沙:湖南出版社,1990年。

5、6卷为现代、当代史。这种布局是过去少有的。该书于1994年由高等教育出版社出版,之后被全国各高校采用。从此,由20世纪初开始的世界现代史新体系取代了由十月革命开始的旧体系,阐述世界整体化进程成为该学科的主要宗旨。

(五)全面审视20世纪历史的特征

随着新世纪的到来,如何从总体上看待"20世纪的历史巨变"很自然地就成为研究的热门话题。1996年8月,世界现代史研究会在石家庄举行"世纪之交的回顾与展望"学术讨论会;1998年8月,研究会的华北分会在通辽举办"世纪之交的世界:环视与思考"专题学术讨论会;2000年7月,研究会又在昆明举办"20世纪世界历史的巨变"全国性学术讨论会。同时大批总结性论文和文集发表,[①]这些论著一致认为20世纪是人类历史上变化最大、最快、最剧烈的一个世纪,也是人类历史上地位最突出的世纪。有几项巨变是公认的:科技的发展使生产力提高到有史以来的最高水平,也使人类物质生活得到空前丰富与改观;社会生产关系有巨变,自由资本主义过渡到垄断资本主义,社会主义由理论变为现实又有倒退和挫折;殖民主义体系瓦解,被压迫民族独立;战争与革命的规模最大;国际交往和整体化进程有新突破,地球村

---

① 诸如:程人乾:《关于20世纪世界历史巨变的几点思考》,《世界历史》1998年第3期;张象:《20世纪历史巨变的综览》,《世界历史》1999年第4期;刘德斌:《世纪之交的历史回想》,载《世界现代史新论》,重庆:重庆出版社,2001年,第28页;张象:《20世纪世界史研究刍议》,载《人大复印资料》2000年10月号,第2—5页;张宏毅:《世纪之交的我国世界现代史研究》,《历史教学》2004年第9期,以及沈永兴主编的几种文集等。

形成了；国际社会控制体系也有显著进步。总之，这是一个大变革的世纪。

在新认识的基础上涌现出了一批新教材和专著。① 由齐世荣、廖学胜主持的国家级项目《20世纪的历史巨变》具有代表性。该项目先出版文集，对12个专题进行研究。2005年又由学习出版社出版专著，对20世纪资本主义国家的历史变革、社会主义制度的形成发展、发展中国家的发展、国际关系的演变进行了总结性论述，材料扎实，分析深入，颇有新意。在对20世纪整体研究的推动下，对科技文化等薄弱领域的研究也有新的成果问世。②

四、1978年以来几项有中国特色的世界现代史专项研究

中国学者研究世界史并不是无所作为的。我们用科学发展观解读世界现代史，写出13亿中国人喜读的著述，有助于他们正

---

① 李植枏主编：《20世纪世界史》上、下卷，武汉：湖北教育出版社，1998年；齐涛主编：《世界通史教程·现代卷》，济南：山东大学出版社，1999年；齐世荣主编：《人类文明的演进》下卷，北京：中国青年出版社，2001年；张宏毅、李世安等主编：《世界现代史新论》，重庆：重庆出版社，2001年；《世界现代史新论续篇》，北京：中国文史出版社，2004年。此外，还有一些知识丛书：《我们走过20世纪史》(8卷)、《20世纪聚焦丛书》(7卷)等。

② 张象：《20世纪的科技腾飞与人类物质文明的巨变》，载《20世纪的历史巨变》，北京：人民出版社，2000年，第364—391页；吴建华：《科技革命与20世纪史》，载《世界现代史新论》，重庆：重庆出版社，2001年，第229—245页；吴光宗、戴桂康主编：《现代科学技术革命与当代社会》，北京：北京航空航天大学出版社，2000年；陆筠泉、殷登祥：《科技革命与当代社会》，北京：人民出版社，2001年。

确认识世界,这就是创新。只要是民族的东西也就是世界的,只要具有中国特色的研究,就会受国际关注,具有世界水平。如下几方面研究是有世界先进水平的。

(一) 关于中国与第二次世界大战的研究

1978年7月5日北京世界史所的王振德和侯成德在《光明日报》上发表一短文,将20世纪60年代初讨论过的"二战"起点问题重提出来,主张应以1937年"七七事变"为二次大战正式开始的标志。此举引发了热议,也引起了新时期世界现代史学界的第一场学术大讨论。大家之所以热情投入,是因为长期以来国际学界和舆论界谈到"二战"时,总把中国是东方主战场和中国人民在反法西斯战争中的贡献排除在外。起点问题有各种说法。除"三七说"与"三九说"之外,还有"三一说""多起说",特别是外交家宦乡提出了"过程说",[①]颇有新意。起点问题的讨论必然要涉及战争的起源和性质问题。上海华东师大的李巨廉、潘人杰老师对传统的"二段论"提出批评,认为在西方从战争开始也有反法西斯性质。[②]要揭示起源问题必须研究法西斯主义,原社科院世界

[①] 宦乡在《纪念反法西斯战争胜利四十周年》(《世界历史》1985年第9期)一文中提出以"过程说"代替"起点论",因为事实是从战争开始到全面爆发确有一过程。

[②] 李巨廉:《略论二次大战初期的性质与西欧国家"保卫祖国"的口号》,载《世界史研究动态》1979年第1期;李巨廉、王斯德主编:《第二次世界大战起源历史文件资料集》,上海:华东师范大学出版社,1985年;李巨廉、潘人杰:《第二次世界大战—专题述评》,上海:华东师范大学出版社,1990年。

史研究所所长朱庭光先生主编的几部专著对此做出了重要的贡献。① 谈到战争起源问题又不能不对战前西方各大国的绥靖政策进行研究,因为西方史学家们歪曲慕尼黑危机的真相。为了澄清事实,齐世荣先生和他的助手们做了大量的工作。② 此外,关于战前苏联外交,东方战线问题,苏德互不侵犯条约问题,苏联战争初期失利问题,法国、波兰败亡原因问题,日本北进与南进战略问题,日苏中立条约问题及双方战略的转变问题,在发表的诸多论文和新专著中都有新的论述和评论。③ 关于充分阐述中国抗日战争在第二次世界大战中的地位和作用,这是新时期我国学者研究"二战"的重头戏,1980 年刘思慕先生最先发表了这方面的论文纠正国外学者对中国抗战的片面评价。随后 20 年,国内有420 余篇论文谈及此问题。1985 年齐世荣撰写论文,在第十六届国际历史科学大会上宣读,受到国际史学界的重视。④ 关于"二

---

① 朱庭光主编:《法西斯主义与第二次世界大战》,北京:华夏出版社,1988 年;朱庭光主编:《法西斯新论》,重庆:重庆出版社,1997 年;朱庭光主编:《法西斯体制研究》,上海:上海人民出版社,1995 年。

② 齐世荣主编:《绥靖政策研究》,北京:首都师范大学出版社,1998 年。

③ 例如:朱贵生等:《第二次世界大战史》,北京:人民出版社,1982 年;张继平、胡德坤等:《第二次世界大战史》,兰州:甘肃人民出版社,1984 年;中国"二战"研究会编:《第二次世界大战史论文集》,北京:三联书店,1985 年;张继平:《历史的反思——第二次世界大战的战略与政略》,北京:时事出版社,1990 年。

④ 刘思慕论文发表在《世界历史》1980 年第 4 期;齐世荣论文发表在《历史研究》1985 年第 4 期。赵文亮教授撰文《我国学术界对中国抗战在二战中的地位和作用问题的研究》,对这方面情况作了综述,这里不再列举书目。

战"期间国际关系的研究也出现一些力作。① 姜桂石教授论战时盟国的经济关系,李铁城教授论联合国的建立,胡德坤教授论大战与世界发展模式的转换,都是颇有新意之作。② 特别是军事科学院军事历史研究部集中了大量人力编写出5卷本的《第二次世界大战史》(军事科学出版社,1995年),充分体现了我国研究"二战"史的水平。为纪念反法西斯战争胜利50周年,由张跃铭、蔡翔主编,70余位作者参加编写的大型资料性工具书《第二次世界大战通鉴1937—1945》(天津人民出版社,1995年)有314万字,可与国外出版的"二战"大型图书媲美,具有国际水平。近年来,我国学者为揭露"南京大屠杀"等日军侵略罪行出版了不少图书。这也是有中国特色的研究。赵文亮教授在纪念反法西斯战争胜利60周年之际,编写了一部大型文献学著作《二战研究在中国》(武汉大学出版社,2005年),对了解中国学者对"二战"的研究情况十分有帮助。

(二)关于冷战起源与演变的研究

冷战40余年是当代世界史的重要内容之一。从它一开始学者们就着手研究,1989年冷战终结后成为了真正的历史,研究也进入了高潮。过去的研究主要是美苏两家,苏联指责美国,认为

---

① 这里指俞辛焞的《满洲事变期的中日外交史研究》(1986年日文版);徐蓝的《英国与中日战争(1931—1941)》,北京:北京师范大学出版社,1991年;李世安:《太平洋战争时期的中英关系》,北京:中国社会科学出版社,1994年。

② 姜桂石:《经济合作是盟国合作的纽带》,载《世界历史》2005年第7期;李铁城:《联合国五十年》,中国书籍出版社,1995年版;胡德坤:《第二次世界大战与世界发展模式的转换》,载《武汉大学学报》2005年第6期。

冷战是美国的帝国主义本性一手制造的。美国指责苏联,认为这是它的共产主义扩张与专制制度造成的。20世纪60年代美国"修正学派"兴起后研究有了变化,认为美国对苏联的多方压力造成误解,美国也有责任。20世纪90年代冷战终结后,俄国大批档案解密,俄国学者也开始改口,认为苏联对冷战的起源也有责任。这时美国又出现新的"后修正派"学者,认为斯大林应对冷战负责,英国等欧洲国家也有责任。在此情况下,中国学者站在第三者的客观立场上谈此问题,则有其特殊性,也有其受关注的国际地位。

冷战结束前在我国除译著外,很少有以冷战为题的专著,都是结合外交史和国际政治研究而顺便进行。南开大学美国史研究室主任杨生茂先生和南京的李庆余先生及外交家宦乡和资中筠先生等的研究反映了这一点。[①] 冷战终结后,在我国也掀起了研究热潮。最先将冷战史系统化写成简要专著的,是我国现代史领域第三代学人——陕西师大的白建才老师和他的同仁。与此

[①] 杨生茂主编:《美国外交史(1775—1989)》,北京:人民出版社,1991年;李庆余:《美国外交:从孤立主义到全球主义》,南京:南京大学出版社,1990年;宦乡:《纵横世界》,北京:世界知识出版社,1985年,《纵横世界(续编)》,1991年;资中筠主编:《战后美国外交—从杜鲁门到里根》,北京:世界知识出版社,1994年;华庆昭:《从雅尔塔到板门店—美国与中、苏、英:一九四五至一九五三》,北京:中国社会科学出版社,1992年;时殷弘:《美苏从合作到冷战》,北京:华夏出版社,1988年,这是仅有的以"冷战"为题的专著。

同时,大批冷战史论文和专著问世。① 大家研究的重点问题是冷战的起源,雅尔塔体系与冷战,冷战的演变和发展阶段,冷战个案研究,冷战的终结,冷战的历史反思,冷战思维等问题。

世界知识出版社出版了"冷战国际史研究系列丛书",其中由北京大学徐天新教授和华东师大冷战国际史研究中心的沈志华教授主编的《冷战前期的大国关系》是一部精品。该著作使用了俄、美的大量档案资料,总结了中外学者的近期研究成果,以1972年为界将冷战分为两大时期。它扩大了冷战研究的视野,从欧洲到亚洲,注重亚洲的大国外交。② 再者,意识形态斗争是冷战的又一个大特点。张宏毅等的《意识形态与美国对苏联和中国的政策》是分析美国意识形态外交的集大成之作。该书还对苏联和中国在美国意识形态进攻面前的不同态度与结果进行了比较研究,颇有新意,也具有相当强的现实意义。③

---

① 白建才主编:《美苏冷战史》,西安:陕西师范大学出版社,1996年;程广中、汪徐和编著:《两霸争雄——美苏冷战及后冷战时代》,北京:知识出版社,1997年;张小明:《冷战及其遗产》,上海:上海人民出版社,1998年;张盛发:《斯大林与冷战》,北京:中国科学出版社,2000年;李春放:《伊朗危机与冷战的起源(1941—1947年)》,北京:社会科学出版社,2001年;牛军主编:《冷战与中国》,北京:世界知识出版社,2002年;刘金质:《冷战史》,北京:世界知识出版社,2003年;牛大夏、沈志华主编:《冷战与中国的周边关系》,北京:世界知识出版社,2004年;耶广程:《苏联高层决策70年》1—4册,北京:世界知识出版社,1998年。

② 徐天新、沈志华主编:《冷战前期的大国关系—美苏争霸与亚洲大国的外交取向(1945—1972)》,北京:世界知识出版社,2011年。

③ 张宏毅等:《意识形态与美国对苏联和中国的政策》,北京:人民出版社,2011年。类似著述有:王晓德:《美国文化与外交》,北京:世界知识出版社,2000年;王玮、戴超武:《美国文化与外交思想史》,北京:人民出版社,2007年。

(三)对十月革命的再认识与对苏联演变的反思

苏联解体后,在国际上和俄罗斯都出现了否定十月革命和社会主义事业的舆论。说十月革命是"早产儿",是"布尔维克搞的一次实验",又说20世纪是"社会主义大举溃败,资本主义、自由主义最终胜利的'历史终结'的时代"。中国学者对此进行了新的反思。中国世界现代史研究会为纪念十月革命80周年和90周年都举行了学术讨论会,写出大批论文和专著,论证十月革命的历史必然性和其不可抹杀的历史意义。对前苏联过分夸大十月革命的世界影响和对十月革命道路的教条主义式的推广,也提出了批评。[1]

我国学者对苏东剧变的研究有着持续不断、日益深化的过程。最初是用大事记和文件集的形式编写读物,帮人们了解事实。[2] 接着是出版论文集,反映学者和外交家的反思。[3] 进而编

---

[1] 有关论文很多,仅举几例:齐世荣:《论有关俄国十月革命的几个问题——十月革命失败了吗?》,载《世界历史》1996年第2期;张象:《对十月革命历史意义的再认识》,载《南开大学学报》1998年第5期;刘淑春:《俄国十月革命的历史必然性及意义》,载《20世纪的历史巨变》,北京:人民出版社,2000年;于沛:《十月革命和科学社会主义的历史命运》,载《中国社会科学》2007年第5期,等等。

[2] 中共中央党校国际共运研究所编:《苏联东欧风云录(1985—1990)》,中共中央党校出版社,1990年6月版。

[3] 周新成主编:《苏联东欧国家的演变及其教训》,北京:中国人民大学出版社,1991年;江流、陈之骅主编:《苏联演变的历史思考》,北京:中国社会科学出版社,1994年;阚思想、刘邦义主编:《东欧演变的历史思考》,北京:当代世界出版社,1997年。宫达非主编:《苏联剧变新探》,北京:世界知识出版社,1998年。

写专著进行系统的历史研究,①更具体地对一些问题进行思考。②沈志华教授组织一批专家将前苏联历史档案分为277个专题进行翻译整理,共1800万字,这对学科发展是一大贡献。在此基础上他还主编了专著。③

(四)填补历史研究空白对亚非拉国家独立与发展的研究

长期以来,欧美学者受"西欧中心论"和宗主国立场的影响,对亚非拉诸国现代史,特别是民族解放运动史的研究是不屑一顾的。但在新形势的影响下,西方各国也出现了众多讲述亚非拉的著作,但通常充满偏见和谬误。中国与亚非拉国家是命运共同体,尽管我国在这方面的研究基础十分薄弱,困难也很多,但共同的立场、理念和视角,使我们的研究成果即便是初创的,也为亚非拉国家所欢迎,在国际学界独树一帜。

关于亚洲现代史的研究,相对来说我国对东南亚国家的研究起步较早,基础也较好。改革开放后涌现的成果较多,不仅有近现代史著述,还有当代政治、经济、文化及国际关系方面的研究成

---

① 陈之华主编:《苏联兴亡史纲》,北京:中国社会科学出版社,2004年;陆南泉等主编:《苏联兴亡史论》,北京:人民出版社,2004年;李慎明主编:《历史的风—中国学者论苏联解体和对苏联历史的评价》,北京:人民出版社,2007年;孔寒冰:《东欧史》,上海:上海人民出版社,2010年。

② 陆南泉等主编:《苏联真相——对101个问题的思考》(上、中、下三卷),北京:新华出版社,2010年;陆南泉等主编:《苏东剧变之后—对119个问题的思考》,北京:新华出版社,2012年。

③ 沈志华主编:《苏联历史档案选编》共34卷,北京:社科文献出版社,2000年;沈志华主编:《一个大国的崛起与崩溃,苏联历史专题研究(1917—1991)》,(上、中、下三册),北京:中国社科文献出版社,2009年。

果,既有地区性著作也有几部专著。① 郑州大学的戴可来教授和北京大学的梁志明教授为推动我国的东南亚研究做了大量的工作,他们的著作也颇有特色和质量。②

关于南亚印度和东北亚朝、韩的研究成果相对较少,但北大林承节、陈峰君的著作和南开大学曹中屏教授对韩国的研究在填补科研空白、充实教学内容方面还是有学术价值的。③

关于西亚非洲现代史的研究,20世纪60年代初毛泽东接见外宾时曾坦然承认我国在这方面的研究是十分欠缺的,并为此成立了社科院西亚非洲研究所等单位。1978年以来该所在这方面的综合性基础研究是有成绩的。它编纂了中东与非洲两部百科全书和《1949—2010年中国的中东非洲学科发展报告》,对学员了解学科情况很有帮助。④ 以彭树智教授为首的西北大学中东

---

① 地区性重要著作有:贺圣达等:《战后东南亚历史发展1945—1994》,昆明:云南大学出版社,1995年;张锡镇:《当代东南亚政治》,南宁:广西人民出版社,1995年;马晋强主编:《当代东南亚国际关系》,北京:世界知识出版社,2000年。

② 戴可来、于向东:《越南历史与现状研究》,广西人民出版社,2006年版;梁志明主编:《殖民主义·东南亚卷》,北京大学出版社,1999年版;梁志明主编:《东亚的历史剧变与重新崛起》,北京:北京大学出版社,2004年;梁英明、梁志明:《东南亚近现代史》两卷本,北京:昆仑出版社,2005年。

③ 林承节:《独立后的印度史》,北京:北京大学出版社,2005年;林承节:《印度近20年的发展历程——从拉吉夫·甘地政策到曼莫汉·辛格政权》,北京:北京大学出版社,2012年;陈峰君:《东亚与印度——亚洲两种现代化模式》,北京:经济科学出版社,2000年;曹中屏:《当代韩国史(1945—2000)》,天津:南开大学出版社,2005年。

④ 赵国忠主编:《简明西亚北非(中东)百科全书》,北京:中国社会科学出版社,2000年;葛佶主编:《简明非洲百科全书》(撒哈拉以南),北京:中国社会科学出版社,2000年;中国哲学社会科学学科发展报告:《中国的中东非洲研究(1949—2010)》,北京:社科文献出版社,2011年。

研究所编写出的多种综合性的中东历史和社会文化著述，①以北京大学亚非研究所陆庭恩教授和华东师范大学的艾周昌教授为首的中国非洲史研究会的部分成员编写的非洲史著作②和以南京大学非洲研究所张同铸教授为首的中国非洲问题研究会的部分成员编写的非洲经济社会问题论著③，都代表了上世纪我国学者研究非洲问题的最高水平。此外还有些综合性论著，如殖民史、人物传等。笔者认为这些成果对教学工作很有参考价值。④埃及和南非是非洲地区的重要国家，有关专著也值得关注。⑤ 黑非洲的独立运动是从加纳开始的，它的独立有典型意义。笔者曾为此写过一组论文，也曾赴加纳工作和考查，愿提出来供大家

---

① 彭树智主编：《二十世纪中东史》，北京：高等教育出版史，1992年；彭树智主编：《伊斯兰教与中东现代化进程》，西安：西北大学出版社，1997年；彭树智：《阿拉伯国家通史》，北京：高等教育出版社，2000年。

② 陆庭恩，彭坤元主编：《非洲通史·现代卷》，上海：华东师范大学出版社，1995年；陆庭恩、艾周昌编著：《非洲史教程》，上海：华东师范大学出版社，1990年。

③ 张同铸主编：《非洲经济社会发展战略问题研究》，北京：人民出版社，1992年。

④ 吴秉真、高晋元主编：《非洲民族独立简史》，北京：世界知识出版社，1993年；郑家馨主编：《殖民主义·非洲卷》，北京：北京大学出版社，2000年；陈公元主编：《非洲风云人物》，北京：世界知识出版社，1989年。

⑤ 葛佶：《南非——富饶而多难的土地》，北京：世界知识出版社，1994年；张象主编：《彩虹之邦新南非》，北京：当代世界出版社，1998年；艾周昌等：《南非现代化研究》，上海：华东师范大学出版社，2000年；杨灏城：《埃及近代史》，北京：中国社科出版社，1985年；杨灏城、朱克柔主编：《当代中东热点问题的历史探索——宗教与世俗》，北京：人民出版社，2000年；王彤主编：《当代中东政治制度》，北京：中国社会科学出版社，2005年。

参考。①

关于拉美现代史研究的研究,严格地讲我国在这方面的研究是从 20 世纪古巴革命后开始的。曾在拉美工作过的李春辉先生进行了开拓性研究,他先出版的《拉丁美洲史稿》,写到 1956 年。此后,他与社科院拉美研究所人员合作又从 1945 年写到 1990 年。② 进入新世纪,北大教授林被甸等编写的《拉丁美洲史》又往后做了延伸。③ 现当代的拉美研究重点都在经济和政治的调整和改革方面,相关重要著述多由专门研究单位与高校教学人员合作完成。④

总的说来,改革开放的 30 多年来我国世界现代史学科取得了长足的进步。但如果从学科的宗旨和全球期待视野方面来评估,还存在着相当大的差距和不足。这首先表现在综合性研究的欠缺上,如对学科体系、内容的安排和更新都缺乏认真的讨论,各国各地区专史的研究未能与通史的综合研究有机结合在一起。其次,一些过去就存在的薄弱研究领域仍然存在,如非洲拉美问

---

① 张象、黄若迟:《论加纳独立的性质》,载《世界现代史论文集》,北京:三联书店,1982 年;张象:《论加纳独立的道路》,载《山西大学学报》1983 年第 1 期;张象:《论恩克鲁玛政治理论的三个组成部分》,载《南开史学》1989 年第 1 期。

② 李春辉:《拉丁美洲史稿》(上、下册),北京:商务印书馆,1983 年;李春辉、苏振兴、徐世澄主编:《拉丁美洲史稿》(第三卷),北京:商务印书馆,1993 年。

③ 林被甸、董经胜:《拉丁美洲史》,北京:人民出版社,2010 年。

④ 苏振兴、徐文渊主编:《拉丁美洲国家经济发展战略研究》,北京:北京大学出版社,1987 年;复旦大学历史系拉美室:《拉丁美洲经济》,上海:上海人民出版社,1986 年;徐文渊主编:《走向 21 世纪的拉丁美洲》,北京:人民出版社,1993 年;江时学主编:《拉美国家的经济改革》,北京:经济管理出版社,1998 年;陈芝芸等:《拉丁美洲对外经济关系》,北京:世界知识出版社,1991 年;徐世澄主编:《帝国霸权与拉丁美洲——战后美国对拉美的干涉》,北京:世界知识出版社,2002 年。

题、科技文化问题、生态环境问题等,虽然主观重视,但是实际研究还很欠缺。第三,学科的普及和人才的培养,都还有大量的工作要做,诸多任务还需要同仁们进一步的努力。

附录1:学习研究宏观世界史思考题

张象　李长林　刘明翰　刘宗绪　赵士国

一、世界史学科总体发展部分

01. 世界史是一门什么样的学科？外国史能否等同于世界史？

02. 世界史与国别史的教研有何异同？

03. 在我国从事世界史教学与研究的宗旨、目的是什么？有哪些不同于中国史教研的特点？

04. 马克思主义世界史观的主要内容是什么？将它贯穿于世界史教学研究中要重视哪些问题？

05. 世界史应当怎样分期分段？过去与现在，在学界都有哪些分期方式？

06. 试结合历史阐明构建人类命运共同体的必要性。

07. 试结合历史说明"一带一路"倡议的重要意义。

08. 世界史学科在国外发展的大体历程如何？

09. 为什么德国的兰克有近代西方"史学之父"的称号？

10. 评述"文化形态史学"对西方史学发展的作用与影响。

11. 评述苏联世界历史学的产生、演变和特征。

12. 评述20世纪后期在西方史学界兴起的全球史热。该史观与马克思主义的整体史观有何异同？

13. 述评我国古史籍"外国传"的世界史记载，其发展概况如何？与西方古史学相比，它有何优点与缺点？

14. 我国新型世界史的观念是怎样出现的？有哪些代表作？其成就、影响和问题是什么？

15. 评述20世纪上半期"西洋史"的教研在我国的兴起与发展。

16. 以辩证历史唯物主义为指导的世界史教研在我国是怎样发展起来的？有过哪些曲折的进程？

（张象　拟）

二、世界上古史部分

（一）原始社会史

01. 从猿到人转变的原因何在？人类从何方起源？对这些问题有何新说法？

02. 在原始社会中，生产关系有何特点？

03. 在原始社会中，社会组织有何变化，其变化的原因何在？

04. 农业革命有何重大意义？

05. 私有制、阶级和国家是如何产生的？应该怎样评价它们在上古文明社会形成过程中的作用。

（二）上古埃及史

01. 古埃及的生态环境与社会发展有何关系？

02. 试评述从古王国到新王国时期的君主制？古埃及时而统一时而分裂的原因何在？

03. 古埃及统治阶级大兴土木与国力的强弱有何关系？

04. 古埃及帝国形成与衰落的原因何在？有何历史意义与经验教训？

05. 古埃及文明对人类社会的发展有哪些贡献？

（三）上古西亚史

01. 古代两河流域的上古史分为几个阶段？每个阶段有何重要特点？

02. 古巴比伦王国颁布汉谟拉比法典有何意义？

03. 亚述帝国、波斯帝国在西亚和世界历史发展中有何作用？

04. 如何评价犹太教的兴起与外传？它对西方后世文明有何影响？怎样看待"犹太磨难"？

05. 上古两河流域生态环境恶化的原因何在？生态环境的恶化对社会发展起了怎样的作用？

（四）上古印度史

01. 哈拉巴文化的发现有何意义？

02. 上古印度为什么会出现严格的等级制度？这对印度社会发展有何影响？

03. 应该如何评价佛教的诞生、教义及其社会作用？

04. 如何评价阿育王的文治武功？

05.上古印度哲学思想的发达有何表现？

(五)上古希腊史
01.述评爱琴文化的发现有何意义？
02.荷马时代的社会性质如何？
03.上古希腊的城邦制度有何特点？
04.雅典国家形成过程中历次改革起了什么样的作用？
05.雅典民主政治怎样形成？其民主政治的特点、对社会发展的作用及世界意义何在？
06.上古希腊文化为何能体现以人为本？有哪些表现？上古希腊文化的历史地位如何？
07.希腊化时代是怎么形成的？它对东西方文明交流起了什么样的作用？

(六)上古罗马史
01.试析罗马文明的兴起与希腊文明的关系。比较早期罗马改革与雅典国家改革的异同。
02.试评述早期罗马共和时代平民反对贵族的斗争有哪些成果？其历史意义何在？
03.怎样评价格拉古兄弟改革和诸多罗马时期的社会改革？
04.上古罗马从共和国转变到帝国的原因何在？
05.罗马帝国对地中海历史的发展有何作用？评述罗马非洲的兴衰。
06.早期基督教的社会作用发生了什么样的变化？
07.评析西罗马帝国崩溃的多种原因。

08. 上古罗马文化有哪些特点？评价其历史地位。

（七）宏观上古文明史

01. 上古文明可以划分几种类型？它们各自有何特点？试综述上古世界格局。

02. 横向联系对上古文明时代各地区的发展起了哪些作用？

03. 比较上古时代东西方社会经济制度的异同及其文明的异同。

04. 试评上古文明史在人类历史发展中的作用。它留给后代最主要的遗产是什么？

05. 在上古人类精神觉醒过程中，中国、印度和希腊各取得哪些成就？

06. 中国在上古文明史中的重要地位有哪些表现？

07. 述评丝绸之路产生发展在上古时期的历史作用。

（李长林　拟）

三、世界中古史部分

（一）宏观与综合性问题

01. 世界上哪些国家、民族及其语言是在中世纪时期形成的？

02. 试述中世纪时期基督教在欧洲的变化情况和作用。佛教在亚洲的传播概况。伊斯兰教是怎样产生的？中世纪的世界形成了哪些文明中心？

03. 封建生产方式有哪些主要特点？

04.试述中世纪时期在欧、亚、非洲有哪些不同类型的封建国家并比较其异同点。

05.述评"丝绸之路"从陆路向海路的发展,其历史贡献如何?

06.试分析资本原始积累的过程和早期殖民主义对亚非拉的侵略情况。

07.概述中世纪东西方的交流与碰撞的主要表现与作用,特别是对世界整体化准备的作用?

08.试论古代中国在世界历史上的地位和其对外交往活动的经验教训。

09.试评述中古时期东方比西方先进但后又从属西方,其原因和现实启示何在?

(二)重要史实追踪

01.教皇权的起源?教皇国、罗马教廷是怎样形成的?

02.试述十字军东侵的原因、主要经过及其影响。

03.英国国会和法国三级会议产生的历史背景和作用如何?

04.概述并评估蒙古帝国和之后的蒙古人在亚欧大陆的扩张。

05.瓦特·泰勒起义、捷克的胡司战争、德国农民战争的性质、经过和意义如何?

06.三十年战争的由来、经过及影响如何?

07.略述中世纪撒哈拉以南非洲和美洲的基本状态和由来。

(三)史学界争论问题

01.世界中世纪史上、下限和历史分期问题都有哪些不同的见解?

02. 从奴隶制社会向封建制社会的过渡,是否都要经过暴力革命斗争?

03. 试述中世纪时东方和西欧城市的异同。

04. 对封建时代农民战争史性质、影响的不同解读和评价。

05. 如何评价新航路的开辟和哥伦布这个历史人物?

(四)精神文明问题

01. 中世纪时期的跨文化交流方面,中华文明对世界的影响如何?阿拉伯文化和拜占庭文化有哪些成就?

02. 试评经院哲学和中世纪欧洲的大学教育。

03. 对欧洲文艺复兴和宗教改革应有哪些认识?

04. 试列举中世纪最有成就的思想家、文学家、艺术家、科学家,他们的代表作和贡献是什么?

05. 你对中世纪是"黑暗时代"的说法有何见解?

(刘明翰　拟)

四、世界近代史部分

(一)资本主义曙光与世界整体化的启动

01. 15—16世纪世界的总体面貌如何?有几种文明在展示?

02. 试论西欧的崛起、西欧商业革命的起因和特点是什么?它与同期东方的商贸活动有何区别?

03. 试论地理大发现与新航路开辟的背景和其多种效应?怎

样评价哥伦布等人物?

04. 早期殖民主义的特点如何? 西班牙、葡萄牙为何走在前列? 又为何衰落? 荷、法、英争夺海上霸权,为何英国获胜?

05. 罪恶的黑奴贸易是怎样开始的? 它对非、美、欧三洲及世界的历史进程有何影响?

06. 文艺复兴运动对西方社会的转型有何作用? 试评述马雅维里等代表人物的历史成就?

07. 试析宗教改革的原因和意义? 路德派与加尔文派的区别何在? 这场改革对欧洲政治有何影响?

08. 评价尼德兰革命的世界历史地位?

09. 试论三十年战争后的威斯特伐利亚体系在国际关系史上的地位?

10. 16世纪前的东西方文化交流与碰撞对西方资本主义的产生有何作用?

11. 16世纪后古丝绸之路如何被西方殖民主义者利用?

(二)资本主义革命与改革时代的世界

01. 基于手工工场的商业资本主义有何特点? 它在西欧诸国的表现是什么?

02. 英国为何较早地发生资产阶级革命并取得胜利? 其成果对世界有何影响? 评述克伦威尔等人及独立派、清教徒的作用?

03. 启蒙运动如何兴起? 分布在荷、英、法的启蒙运动思想家该如何评价? 启蒙运动与文艺复兴运动的异同何在?

04. 试析美利坚民族的形成与独立战争的爆发? 美国《独立宣言》和诸多民主改革的世界意义何在?

05. 试论法国大革命的世界历史地位？革命进程中的雅各宾专政及诸多举措留给后人的经验教训是什么？

06. 试比较英、法、美三国革命的异同？作为早期资产阶级革命有哪些共同规律，他们对世界民主化运动有何影响？

07. 为什么会出现拿破仑战争？拿破仑的上台与倒台原因何在？如何评价拿破仑的功过？

08. 试结合史实论欧洲封建主义向资本主义过渡的革命与改革道路？

09. 评析17—18世纪俄国与普鲁士的"开明君主制"？

10. 试论维也纳国际关系体系与欧洲的均势。

11. 英荷与西葡的殖民统治政策有何差异？在美洲的影响与后果如何？

12. 试析拉美独立运动的起因和进程，与美国独立战争相比有何异同？评价玻利瓦尔、圣马丁的拉美一体化思想？

13. 试析亚非地区早期反殖民主义斗争的共同特点？

14. 述评西方国家的"东方问题"与奥斯曼帝国的衰落？

15. 述评17—18世纪中国与西方国家的经济、文化联系？

(三) 工业革命与资本主义的世界整体化高潮

01. 试论第一次科学革命、第一次技术革命与第一次产业革命的起因、成就、相互关系及社会历史作用？

02. 试析英国最先开展工业革命的原因，并比较与法、美、德、俄工业革命的特点？

03. 试论工业革命在西方世界引起的三大历史潮流：自由主义、民族主义和社会主义，并列举代表人物。

04. 试论 1948 年欧洲革命的性质和历史意义。

05. 试评德国俾斯麦的内外政策和历史作用。

06. 述评俄国农奴制的演变与废除,为何俄国在经济技术上仍落后西方国家?

07. 试析爱尔兰抗英斗争与波兰民族起义的性质、内容有何异同?

08. 试析德国和意大利的统一运动有何异同?试评"日耳曼精神"。

09. 美国内战与美国独立战争有何联系和异同?试评林肯。

10. 述评日本明治维新的性质与特征,并与中国的戊戌变法做比较分析。

11. 概述国际工人运动与社会主义运动的由来发展与第一国际的建立。

12. 试论马克思主义的诞生及其三大组成部分。

13. 试析奴隶贸易的废止及其对非洲和世界的影响。

14. 试析英国在印度殖民统治的"双重使命"。

15. 述评埃及的穆罕默德·阿里改革与苏伊士运河的开凿。

16. 试评 19 世纪中叶印度民族起义与亚洲首次民族解放运动高潮的特征、性质及失败原因。

17. 拉美国家独立后在经济上为何落后于独立后的美国?试评拉美地区的考迪罗主义。

(四)垄断资本主义问世后的两种趋势与世界连成整体

01. 试述第二次技术革命的起因、主要成就和影响。

02. 由第二次技术革命怎样导致第二次工业革命?在美、德、英、法的表现如何？

03.第二次工业革命的电气化、内燃机化及化工、冶金业的升级给人类社会文化和物质生活带来哪些变化？

04.垄断资本主义是怎样发生的？它的两种发展趋势有何表现？在各国的表现有何差异？

05.试析经济危机的产生和发展。

06.试论有内在机制联系的世界经济格局的形成和表现及各国的不平衡发展。

07.试析垄断资本主义形成后英美的两党制和文官制。

08.试析垄断资本主义形成后德、俄、日的专制统治。

09.试论美国的崛起和走向世界的内外政策有何新举措？

10.试论19世纪后期西方意识形态领域中的新变化及代表人物。

11.评析巴黎公社的历史地位和经验教训。

12.如何评析19世纪末期的马克思主义与伯恩斯坦、考茨基等人的主张？

13.评析第二国际的建立、成就和问题？它与第一国际的联系及异同是什么？

14.评析柏林会议与列强对世界的瓜分？殖民体系形成后殖民主义者的统治政策各有何特征？

15.述评亚非新型民族解放运动的兴起。有哪些重大事件与重要人物需研究？

16.试从世界视角评析甲午战争。

17.试论依附型的拉丁美洲体制与泛美体系。

18.试论维也纳国际格局的终结与集团化国际态势的形成。

(五)总结思考题

01. 世界近代史的宗旨与内容范围应该是什么？它在人类历史中应处的地位是什么？

02. 如何确定世界近代史的起点和终点？史学界对此有过哪些影响较广的看法？你有何认识？

03. 如何评价资本主义（包括垄断资本主义）的历史作用？如何在历史讲述中体现其作用？

04. 马克思主义认为世界史是由分散到整体的过程，在世界近代史中如何具体化体现这一过程？

05. 综观世界近代史资本主义的发展有几种道路？几种类型？请比较说明。

06. 工业化、现代化在世界近代史上占有何种地位？其世界发展趋势是什么？应划分为几种类型？

07. 如何评估人民革命运动在世界近代史上的作用？试将近代史上的民主革命、反殖民主义斗争、国际工人运动等进行分期总结。

08. 为什么说中国与亚非拉国家是历史的命运共同体？

09. 试论近代国际关系的演变。

10. 试论近代中外关系的概况和特点。近代华人是怎样走向世界的？

(刘宗绪　赵士国　张象　拟)

五、世界现代史部分

(一)世界现代史概论

01. 世界现代史学科的宗旨是什么？

02. 世界现代史学科与当代政治、经济、国际关系学科有何异同？

03. 如何用马克思主义世界史整体观解读世界现代史？

04. 为什么要以20世纪初作为世界现代史的开端？评价有关的"开端说"。

05. 试评论我国学界长期的"三线两段"世界现代史体系。

06. 世界现代史为何必须是政治、经济、文化的全面反映？怎样充实科技文化内容？

07. 垄断资本主义在世纪之交的形成，它的腐朽与发展两种趋势各有何表现？

08. 帝国主义殖民体系在20世纪初完全形成有何表现？其影响如何？

09. 何为世界经济？它怎样形成？表现如何？

(二)世界现代史第一时期：世界整体化的形成

01. 20世纪初科技革命的产业化有何新进展？它给人类物质生活与政治、军事及社会态势带来哪些变化？

02. 20世纪初期社会政治思潮有哪些新表现（如列宁主义、弗洛伊德心理学等）？

03. 20世纪初期文化艺术涌现出哪些新的流派？东西方文

化的交流与碰撞有何表现？

04.20世纪初期国际关系格局有何特点？有何主要矛盾左右国际形势？

05.试论第一次世界大战爆发的原因及历史教训，它对世界政局和世界地图的变化有何影响？

06.试用世界整体化的视野评述"凡尔赛—华盛顿体系"的历史地位和本质。

07.试分析"一战"前后美国外交政策的特殊性和国际作用。

08.为什么20世纪初会出现空前的世界革命高潮？俄国为何会成为世界革命风暴的源头？

09.试论俄国十月革命的历史必然性和苏联建立的历史意义。驳斥苏联解体后的一些评论。

10.试析十月革命后的欧亚革命高潮。评价共产国际的建立。

11.论十月革命后中国革命的世界意义。述评20世纪初期亚非拉地区的民族革命高潮。

12.现代化（工业化）潮流进入20世纪后与以往相比有何新特点？

13.20世纪前期美国的现代化有何新的举措和新的进展。

14.20世纪前期西欧诸国的现代化延续有何新举措？

15.苏联建立后，列宁的新经济政策与不同社会制度的和平共处政策有何意义？

16.试评斯大林模式的现代化探索，成就与存在的问题有哪些？

17.试评土耳其、印度、墨西哥等亚非拉国家的现代化尝试。

18. 试析1929—1933年世界经济大危机的起因、特点及对世界整体化的冲击。

19. 何为法西斯主义？试比较德、意、日法西斯专政的异同。法西斯军事同盟是怎样形成的？怎样进行其侵略计划与战争舆论？

20. 试论罗斯福新政与英法维护现有民主制的努力。

21. 试评英法对法西斯采取的不干涉和绥靖政策。

22. 述评美国对法西斯的绥靖主义政策。

23. 述评苏联的集体安全战略及其演变。

24. 论中国最先举起反法西斯大旗的世界意义。

(二) 世界现代史第二时期：世界整体化态势的再发展

01. 德意日法西斯集团如何将局部战争扩大为世界大战？法西斯反人类的暴行和罪恶有何突出表现？

02. 苏联是怎样开始卫国战争的？评价前苏联的外交政策。评价莫斯科战役与列宁格勒战役的世界意义。

03. 述评世界法西斯三大战场的形成和中国抗日战场的国际地位。

04. 反法西斯联盟是怎样建立的？其意义如何？

05. 述评反法西斯战争的大转折和世界各地人民对反法西斯战争胜利的贡献。

06. 何为雅尔塔体系？评述其功过。它在处置战败国边界领土、赔款、战犯等问题上有哪些遗留问题？

07. 述评联合国建立的意义及其组织机构的状况。

08. 评价布雷顿森林体系与货币、银行、贸易三大国际经济组织的建立。

09. 试分析冷战格局形成的原因、态势和特点。

10. 论战后美国的繁荣和霸权。

11. 论战后英法等国的现代化重建及举措。

12. 述评战后日本的恢复与发展。

13. 斯大林逝世后苏联发生了什么变化?

14. 试论东欧人民民主国家的建立和存在问题。

15. 试论中华人民共和国建立的世界意义。

16. 评析朝鲜战争与印度支那战争。

17. 评析亚非会议的历史意义。

18. 述评20世纪后期亚非拉地区的民族民主运动高潮。

19. 述评中东问题的由来和发展。阿以冲突的核心问题是什么?

20. 论不结盟运动的兴起与"第三世界"的由来。

21. 试分析反法西斯战争对世界文化发展的影响。试分析反法西斯战争与世界文化的交流。

22. 述评以核能、电子计算机和航天技术为代表的第三次技术革命的兴起及其发展进程。

23. 述评第三次技术革命与第二次技术革命的历史作用,有何异同?

24. 述评第三次技术革命对人类社会生活的变化有哪些作用?

(二)第三时期:向全球化的初期过渡

01. 何为全球化?它与世界整体化是什么关系?为什么全球

化也会带来金融危机？

02. 何为信息化？高新技术包括哪些内容？

03. 网络技术是怎样兴起的？其社会作用如何？

04. 何为知识经济？其社会历史地位如何？

05. 试分析后现代化条件下的社会结构（如白领、中产阶级等）。

06. 何为跨国公司？试分析它产生的原因和发展机制。

07. 概述环境问题的由来及国际回应。

08. "可持续发展"是怎样一种理论？

09. 国际关系格局在20世纪70年代初有哪些历史性变化？

10. 为什么经济全球化会带来国际关系的全球化？

11. 述评美国外交政策的转变及尼克松主义的出现。

12. 述评苏联霸权主义与勃列日涅夫对外政策的举措。

13. 试分析冷战后期的美苏关系。

14. 试分析中苏关系的由来和发展。

15. 论中国在联合国合法地位的恢复与中国外交的新局面。

16. 论毛泽东的划分"三个世界"的理论。

17. 试述20世纪70年代西方各国经济滞胀与"黄金时代"的结束。

18. 试评撒切尔夫人改革的要旨和作用。

19. 试评里根经济学与继任者的内外政策。

20. 试评价西方各国新一轮改革的特点。

21. 述评欧共体到欧洲联盟的演变。

22. 试评日本的"第三次开国改革"。

23. 述评新货币主义经济学。

24. 述评加拿大、澳大利亚登上国际政治经济舞台。

25. 述评亚非拉国家在世界现代化进程中的地位及其演变。

26. 试论印度独立后的现代化进程、成就与存在的问题。

27. 述评新加坡的现代化道路、经验与教训。

28. 述评韩国的现代化、成就与存在的问题。

29. 述评以色列的现代化发展。

30. 述评中东石油输出国现代化暴富和存在的问题。

31. 述评以色列的"白色革命"和两伊战争的影响。

32. 论非洲民族独立大业的完成与非洲地区主义的发展。

33. 论新南非的建立和曼德拉主义的重要意义。

34. 述评拉美国家的现代化"奇迹"与"中等收入"陷阱。

35. 述评古巴的独立与发展。

36. 述评"南南合作"发展的曲折进程。

37. 述评周恩来总理对非政策的理念与中国援建坦赞铁路的意义。

38. 试比较20世纪末期的世界文化与以往有何新变化?

39. 试论后现代主义文艺与现代主义文艺有何差别?

40. 述评消费主义的兴起与蔓延。

41. 试论经济全球化与文化多样化的关系。

(三)历史总结:回顾与展望

01. 世界现代史作为断代史,其下限应如何确定?

02. 新世纪之交,有哪些长期的历史进程告一段落?

03. 新世纪之交,美国有哪些大的变化影响世界格局?

04. 新世纪之交,欧洲的统一有何历史性意义,有何问题?

05. 苏联解体和东欧剧变的历史根源何在？

06. 试从非盟的建立看世界殖民体系的终结。

07. 中国改革开放与崛起有何重大的历史意义？

08. 试析世界经济全球化的标志、动力、趋势和未来的发展。

（张象　拟）

附录 2：论构建有中国特色的世界史体系

张象

人类历史从分散到整体的进程已经发展到今天的走向全球化阶段。为适应这一形势,我国政府提出了构建人类命运共同体的方略及"一带一路"的倡议。这是顺应历史潮流的举措,也是历史经验的总结和发展。为贯彻这一方针,我们世界史学科必须要有创新。特别是习近平同志指出:"一个国家要走在世界的前列,必须要有发达的自然科学和繁荣的社会科学。繁荣的表现是要有大量的能结合中国特色社会主义实践,并能促进它发展的创新成果涌现。"①笔者从事世界史教学与研究 50 余年,对本学科创新的问题有如下看法。

一、坚持以马克思主义为学术指导

这样的表述,似乎是老生常谈,其实不然。受到国际共产主义运动和极"左"思潮的影响,在我国与国际上都出现了对马克思主义的"信仰危机"。改革开放后,由于我们要对外交流、走出国门,便大量引进与翻译西方盛行的学术理论与专著。这是必要

---

① 见《人民日报》2016 年 5 月 16 日第 1 版。

的,也是正确的举措。但与此同时,一些学者特别是青年学人,放松了对马克思主义的信仰和运用,甚至全然接受西方的学术理念。习近平同志指出,当前对马克思主义有"真懂假懂"和"真信假信"的问题,他强调"要自觉坚持马克思主义为指导,自觉把中国特色社会主义理论体系贯穿于研究和教学全过程,转化为清醒的理论自觉、坚定的政治信念、科学的思维方法"。[1]

当前在我国世界史研究领域中贯彻马克思主义,最重要的是贯彻马克思恩格斯的世界整体史观。世界历史有纵向地社会演变过程,也有横向地从分散到整体的演变过程。尽管马克思恩格斯在《共产党宣言》中早就有关于这一思想的阐述,但长期以来,由于国际共产主义运动和各国革命首先面临的是夺权、阶级斗争及改变现存社会政治的问题,因此在历史著作中通常主要讲世界历史的纵向发展,而对横向发展问题讲述很不够。随着世界的日益全球化,对马、恩的世界史理论应当全面地去认识与学习。至于如何将这一理论用于历史研究之中还是新问题。

必须看到的是,现阶段西方学界盛行"全球视野论"。这与马克思主义的整体世界史观,既有诸多共同之处,也有本质的不同。20世纪50年代后期,英国史学家巴勒克拉夫提出了"全球史观",20世纪70年代得到广泛的认同,涌现出威廉·麦克尼尔的《世界史》和斯塔夫里阿诺斯的《全球史》等代表作。进而到2000年国际历史科学大会向世界各国史学家提出了《全球史:概念与方法》的研究课题。此后历届大会都建议史学研究用全球视野探讨问题。这种背离传统的"西欧中心论"的历史思潮,受到我国学

---

[1] 见《人民日报》2016年5月16日第1版。

者的欢迎与关注是正常的。

西方这种"全球史观"的理论基础是"比较文化形态学"。麦克尼尔的《世界史》最初书名是《西方的兴起——人类共同体史》，表示它与"比较文化形态学"创始人斯宾格勒的《西方的没落》一脉相承。他还崇拜另一位"比较文化形态学"大师汤因比，为他写传记。"比较文化形态学"将世界文化归为几大类型并进行比较，评出"优等"和"劣等"。虽然它有全球视野，不同于"西欧中心论"的历史著作，但"比较"最后的结论仍然是"西方优越"，应当领导世界。斯塔夫里阿诺斯的《全球史》虽然写到东方，但其中带有偏见性的描述，与"西欧中心论"的著作仍有同功之效。

马克思主义的世界整体化史观，以历史唯物主义和辩证唯物主义为理论基础。它也重视文化上层建筑对历史发展的作用，但更重视经济基础对社会演变的决定性作用。它认为人民大众和被压迫民族的解放斗争是推动历史前进的主要动力。新的以世界整体化史观编著的世界历史正在探索中。我们虽然注意借鉴西方"全球史观"的论著，但决不能照搬。

二、要把促进教学改革摆在第一位

习近平同志认为社会科学与文学艺术一样，也要把"为什么人服务"的问题摆在第一位。他说："我国哲学社会科学要有所作为，就必须坚持以人民为中心的研究导向。脱离了人民，哲学社会科学就不会有吸引力、感染力、生命力"。①就世界史学科的创新而言,应该将教学改革与相关研究提升到首位。世界史与中国史学科的任务有所不同。由于历史的原因,我国的居民对世界的认识有局限性。20世纪40年代毛泽东在《改造我们的学习》一文中就提出这一问题,20世纪60年代毛泽东接见非洲外宾时又坦然承认:"我们对于非洲的情况,就我来说,不算清楚"。②当时毛泽东就要求学界多搞些面向大众的读物。今天世界走向全球化,中国改革开放后成为世界第二大经济体,中国人大批走向世界。中国政府的各级官员和广大国民,比以往任何时期都更加关心世界的全貌。为了把握今天,必须了解昨天,以便自觉地走向明天。所以为了人民的迫切需要,世界史,尤其是世界现代史的各层次教学与普及工作应比以往任何时期都更具有现实意义。

搞好世界史教研工作的关键是要加强综合性研究,这是世界史研究与国别史和专题研究的主要区别。它需要跨国家、跨民族,从全球视野进行分析。综合研究有两个方面:一是对各国共有的现象进行综合分析;一是将某国仅有的事件、人物放在世界的潮流中,用全球视野进行综合分析、评述。两者的共同目的,是找出具有世界意义的认识规律。不能满足于专题论文和国别史、地区史的研究。"细节固然需要了解,但总画面更需要让人们清楚。否则,就会只见树木,不见森林。"③

加强世界史教学的另一个关键是编好教材。习近平同志指

---

① 见《人民日报》2016年5月16日第1版。

② 《毛泽东外交文选》,北京:中央文献出版社,北京:世界知识出版社,1994年12月,第465页。

③ 齐世荣:《编写一部简明的世界通史是时代的需要》,《世界历史》2008年增刊。

出"要抓好教材体系建设",并强调我们的教材体系要"适应中国特色社会主义发展要求,立足国际学术前沿"。[①] 我国世界史学科的教材建设任重而道远。尽管有了国家级统编教材,但如果从当代读者的阅读需求考虑,还是远远不够的。应该有适应不同地区、不同人群、不同文化水平读者需求的多种版本的教材,要支持真正来自于教学实践的、富有特色的教材出版。教材的形式可以是多种多样的,除文字版外,电子版、音像版教材也需要大力发展。

教研改革不仅需要教师的努力,还需要体制的改革与之相配合。诸如:教研成果的评估制度、职务晋升制度、科研项目的规划、书刊出版的标准等,这些都直接影响学科的创新。

三、"认真传承,不忘初心"是学科创新的又一前提

无论是自然科学还是社会科学的发展,都需要集前人之大成,习近平同志指出中国特色社会科学首先"要体现继承性和民族性"。[②] 世界史学科作为我国社会科学的一个分支,其创新也必须认真考虑继承问题。

在我国的世界史学科发展史中有一段经历不应该被忽视。这就是新中国建立前后从"西洋史"到"世界史"的转变。这不是简单的名称变化,而是一场"去殖民化"的大变革。这里我用南开

---

① 见《人民日报》2016年5月16日第1版。

② 见《人民日报》2016年5月16日第1版。

大学的情况来说明。抗日战争期间,南开大学与北京大学、清华大学组成西南联合大学(简称西南联大)曾是中国文化中心之一。1952年院系调整,北大、清华的历史系负责人及部分教师调至南开,使南开大学历史系成为"小西南联大"。当时老师同学们注重"去殖民化"的学科创新精神,值得我们学习。

其一是革新精神。积极革新自身旧理念,认真学习马列主义。鸦片战争后,中国经受百余年的半殖民地化,导致社会文化风气是一切都是"洋"的好。要学外国史也就得学"西洋史"。建国初期,世界史学科的权威学者多数为"海归派"。例如,南开大学的杨生茂先生就曾留学于美国加利福尼亚大学和斯坦福大学研究美国外交史。杨先生1947年应聘至南开大学,承担"西洋通史"教学,他当时就对西洋通史课的殖民地气息很不满。新中国成立后,他的教改从学习马列著作做起,开设《国家与革命》等经典著作课程,并赴党校学习,参与中学教材《西洋史》的改造工作。经几年教学实践之后,杨先生参加了周一良、吴玉廑主持的世界通史编撰工作并担任《世界近代史》分册的主编,他在编写中十分注意贯彻马列主义历史观。

又如,雷海宗先生曾任南京中央大学与清华大学历史系主任、1952年调至南开大学任世界史教研室主任,他曾留学美国芝加哥大学,是斯宾格勒比较文化史观在华的主要传播者。新中国成立后,雷先生注意学习马克思主义,按照他的说法是感到"发现了一个新的世界;辩证唯物主义和历史唯物主义的世界观使我好似恢复了青年时期的热情"。他在《历史教学》上连续发表文章呼吁:"在我们的世界史课本中就必须考虑亚洲各国所当占有的恰如其分的地位。这对于培养学生世界范围地看世界问题,而不是欧美中心地看世界问题的习惯,是非常重要的。"[1]他通过学习马列主义完全抛弃了斯宾格勒的文化形态学观点,写出了《世界上古史讲义》,作为教育部第一批交流讲义,在全国高校传阅。

再如,时任南开大学世界现代史专职教师的梁卓生先生,他曾留学美国研究国际政治,学了俄文。新中国成立后,在"冷战"对立的严峻形势下,回到祖国。为了搞好世界现代史课的教学,梁先生到外交学院参加苏联专家库达科夫主讲的"现代国际关系史"学习班。他对苏联专家的讲学并不完全满意。回到南开大学后,他把毛泽东思想引入教学。他发表了论文《以毛泽东思想指导世界现代史教材编写工作的点滴体会》,[2]作为"海归派",梁先生归国后的自我革新与探索精神是很难得的。

其二是开拓精神。为了去殖民化,创新中国的世界史学科必须要在其中开辟新的教研领域。"西洋史"以西欧为中心,研究领域是十分有限的,广大东方国家的历史被排除在外。1953年,教育部委托北大、南开历史系负责人起草历史专业的教学计划,将"亚洲史"(后改为"亚非史")列为历史专业的基础课之一,这是创新之举。但要付诸实践,困难是很多的。南开大学吴廷璆先生的努力有了显著成绩。吴先生曾留学日本,研究日本史和中西方交通史,1949年任南开大学历史系主任,主讲日本史、朝鲜史和印度史。为了发展亚洲史教研,他不断网罗人才。当时在历史系执教原始社会史与考古学的黎国彬先生精通英、法等多种语言。吴

---

[1] 见《伯伦史学集》,中华书局2002年版,第637页。
[2] 梁卓生:《以毛泽东思想指导世界现代史教材编写工作的点滴体会》,《历史教学》1960年第1期。

先生便动员他开拓东南亚国家史的研究。1955年万隆会议后，为满足读者的需要，黎先生撰写了《印度尼西亚简史》(1957年出版)。这是国内第一部有关亚非国家的专著。1960年出现了"非洲年"，非洲的觉醒引起人们的关注，"亚洲各国史"课程随之扩大为"亚非史"。笔者当时是吴廷璆先生的研究生，在吴先生的建议下将学习方向从日本史转向了非洲史，并在吴先生的帮助下与北大的杨人楩先生取得了联系。当我得到杨先生草拟的中国第一份非洲史教学大纲时，心情十分的激动。杨人楩先生已是法国史专家，有不少专著，但为了人民的需要，他又开拓了新的学术领域，投身于非洲史的教研之中。

其三是协作精神。历史教研的"去殖民化"不仅体现在理念与课堂上，还应在著述中表现出来。如果没有读物给读者阅读，那就是空谈。而当时从事亚非拉教研工作的老师很少，单个人不可能完成此项重任。于是南开大学历史系的全体老师，在系领导的安排下，于1958—1960年集体编写出版了6本书：①《中国和阿拉伯人民友好关系史》；②《中东民族解放斗争简史》；③《中东民族解放运动大事年表》(1917—1958)；④《拉丁美洲民族解放斗争简史》；⑤《拉丁美洲民族解放斗争大事简记》；⑥《北非民族解放斗争简史》。青年教师与老教师的合作弥补了多项不足。中国史教师的参加对提高编写质量也有积极作用，例如杨志玖教授是元史专家，在他的参与下，中阿关系史的编写很有特色与质量。教师们不计个人名利，密切协作为了"去殖民化"。这种精神很值得称赞。

总之，新中国成立后我国在世界史研究领域中的创新历程为今天留下了诸多宝贵的经验。在世界史教学和研究工作中，我们应当贯彻习近平同志的讲话精神,"不忘初心,继续前进",高举马克思主义的伟大旗帜,创新具有中国特色的世界史学科。

(本文发表于《中国社会科学报》2016年9月5日"历史学"版,这里对个别文字有调整。)

附录3：论古丝绸之路历史对现实的启示

张象

中共十九大报告明确提出，中国特色社会主义在新时代面对世界的主旨方略是构建人类命运共同体。其主要举措之一是"一带一路"，即共建丝绸之路经济带和21世纪海上丝绸之路。"一带一路"的倡议已经得到国际社会的广泛响应和积极支持，在北京举办了"一带一路"国际合作高峰论坛。习近平主席在会上指出："'一带一路'建设根植于古丝绸之路的历史土壤。""我们传承古丝绸之路精神，是历史潮流的延续。"[1]这就是说"一带一路"建设是与古丝绸之路联系在一起的。古丝绸之路是以传送丝绸为主的东西方文明交融通道。该名称是1877年德国地理学家提出的。[2]但其历史则久远了。今天我们回顾丝路历史，有一项重要课题，就是考察对今天"一带一路"建设的启示。笔者作为历史学老教师愿对此尽微薄之力。这里按丝路发展脉络、分阶段摘要略述其对现实的启示，供大家参考。

---

[1] 习近平:《携手推进"一带一路"建设——在"一带一路"国际合作高峰论坛开幕式上的演讲》，《人民日报》2017年5月15日第2、3版。

[2] 德国地理学家李希霍芬1877年在《中国亲程旅行记》中将中国与中亚、印度间的丝绸贸易形成的交通线称为"丝绸之路"，后来国际学术界将包括西方在内的整个东西方文明交往之路都称为"丝绸之路"。

一、民间自发的间接交往,丝路起源的启示(约公元前6世纪至公元前2世纪)

谈到丝路的起点,人们常常以公元前2世纪张骞通西域作为标志。这有一定道理,但不准确全面。据司马迁《史记》记载,张骞到西域的大夏后(今阿富汗北部)看到当地已有从身毒(印度)转运来中国四川的土布等商品。又记述当地人已知道大夏以西有安息、黎轩(亚历山大港城)等国与城市。① 这说明张骞之前大夏人已与其东方和西方有民间自发的信息和物品的间接传递,丝路已萌生了。但这种交往是从何时而起的呢?尚是问题。据考古遗址发现,公元前2750年代在中国浙江吴兴县就有各种丝织品。这在古代社会是举世无双的。② 考古界还从公元前1000多年的埃及女木乃伊头发中发现有丝。③ 说明中国丝织产品很早就已传至埃及。不过传递路线的证据尚不充分,不能作出丝路起点的定论。但到公元前6世纪情况就不同了。波斯帝国兴起,公元前529年它征服大夏,公元前525年征服埃及,并修"御道""邮路"。只要中国丝织品转运至大夏,就完全有可能转运至埃及再转运至欧洲。公元前4世纪希腊亚历山大帝国取代波斯帝国,并

---

① 司马迁:《史记·大宛传》卷123。

② 1958年在浙江吴兴县钱山漾的新石器时代遗址中发现了丝带和绢片,考古学家确定为4750年前的物品。

③ 1993年奥地利科学家在古埃及21王朝(前1070—945)的女木乃伊头发中发现丝。参见《三千年前埃及已用中国丝绸》,《人民日报》1993年4月2日第7版。

进军印度河流域,扩大了对外交流范围,还建立亚历山大港城,成为西方经济贸易中心。所以确定公元前6世纪为丝路间接交往起点,是完全可能的。这从西方语言中也可以找到证据。有一位希腊人泰西阿斯曾在波斯王宫任侍医,他曾著文按当时流行语称谓称中国为 seres(赛里斯),意为"丝的国家"。这里"丝"(se)的发音来自汉语"丝"(si)。后来各西方国家"丝"的发音都如此,以至英语为 silk。[①] 说明丝已较普遍地传到西方,人们都知道此物。亚历山大帝国征服印度后,使印度文化西传。印度早与中国有交往。其古语依据中国"丝"的发音,称"丝之国"的中国为"Cina"(支那),这样传到西方则变为 china。[②] 语音的传播是千百万人的作用,不是政府行为。所以古丝绸之路的兴起是沿线各地人民长期交流探索辗转传递信息和物品的结果。他们为的是交换丝绸等物品,以改善生活。这是丝路精神在萌芽时期显示的本质特征。"一带一路"建设要有诸多具体项目实施。在规划行动之前首先要调查研究双方人民的需求。这是今天传承丝路精神重要体现。

---

① 希腊人泰西阿斯(前416—前398)在波斯宫廷任侍医,他留下的文献中对"丝"(se)的发音反映了当时西方人对"丝"的读音。参见沈福伟:《中国与非洲——中非关系两千年》,北京:中华书局,1990年,第20页。

② 季羡林:《中印文化关系史论丛》,北京:人民出版社,1957年,第163页。

二、以陆路为主由政府主导的丝路正式开通后的启示（公元前 2 世纪至公元 6 世纪，两汉南北朝时期）

张骞出使西域的成功，标志着官方主导下的丝绸之路正式开通了。他的贡献是打通了丝路东段。西段此前已在波斯、希腊政府作用下打通了。东段从大夏起，越过葱岭，经塔克拉干沙漠南北两路，汇集于敦煌、玉门，最后至长安。由于临波斯湾和地中海的安息国不愿放弃丝绸过境贸易的收入，常常以友好方式阻挠汉商与大秦（罗马）直接交流，①使得这一时期政府主导的丝绸之路交流仍是间接的。譬如东汉班超出使西域大获成功，公元 97 年他派甘英出使罗马（大秦国），甘英到达波斯湾被安息国人好言劝阻。该国依靠丝绸交易能获数十倍利润，便夸张航海困难，阻止甘英直达罗马，甘英畏难而返。即使如此，间接丝路正式开通后的贸易繁盛、丝路精神表现充分，以至今日能使我们从中获得诸多启示。仅举三项：

一是关于如何通过丝路联系来维护国家和平与安全问题。古代世界主要为欧亚非大陆，有游牧与农耕两大世界的对立。前者在世界北方，后者在世界南方。例如罗马帝国受北方游牧的日耳曼人和斯拉夫人的骚扰，两汉王朝不断受北方匈奴人的掠夺。罗马的对策是在抵御北方侵略者的同时，加强对南方地中海南岸地区的侵略以补偿。它前后三次发动布匿战争，灭亡了迦太基，

---

① 班固：《汉书·西域传》卷 96 上。

占领了埃及,使北非成为"罗马粮仓"。但如此举措之后的结局是罗马帝国的分裂和西罗马帝国的灭亡。两汉王朝则不然,面对匈奴威胁,一方面抗战、"和亲";另一方面本着"和为贵"的理念与传统的"合纵连横"策略,积极从外部世界寻找同盟者。当汉武帝(前140—前87)得知大月氏政权被匈奴击溃而西迁时,便派张骞通西域找友邦,联络它们共抗匈奴,最终使匈奴败降和西逃。历史证明中国汉朝的方针是正确的。通西域,开通丝绸之路,既发展了经济文化交流,又广交盟友,捍卫了国家安全,实乃英明之举。今日世界有发达国家与发展中国家两个世界的差异与矛盾。中国属发展中国家为了世界和平和自身安全发展应记取历史的启示,不仅要自强还要加强南南合作,进而团结世界上一切可以团结的力量。

二是关于张骞"凿空"精神的发扬。"凿空"即"开通"之意,这是司马迁在《史记》中的用语。青年张骞从家乡陕西汉中应汉武帝招募,于公元前138年出使西域,主要是去联络大月氏。不幸中途被匈奴拘留10余年之久。他趁机抛妻离子逃走,但没有回长安,而是继续西行完成使命,归途又被匈奴扣留,公元前126年他趁匈奴内乱之机逃回长安。公元前119年至公元前115年,他再次出使西域。他了解匈奴的内情,有助汉武帝击败匈奴。他了解西域情况,有助汉政权获得靠近匈奴的西域诸国为盟友。他这种不畏艰难、不屈不挠、备尝苦楚、尽职尽责的精神,在今天建设"一带一路"事业中也是最需要的。

三是关于促进东西方物质文化的交流。由于丝路的正式开通而出现了经济流通新局面。中国的丝绸、漆器、铁器从此大宗西传,来自埃及、西亚等地的玻璃、珠宝和葡萄、石榴、黄瓜、萝卜、大蒜、香菜等物品传入中国,极大地丰富了双方人们的生活。至于文化的交流也有了诸多新的项目,例如,公元前112年安息王将"黎轩善眩人"献于汉,①这是亚历山大城的杂技艺人。我国洛阳、徐州等地出土的汉砖雕刻有诸多表演杂技的图案,说明该艺术当时在中国很快普及,丰富了人民文化生活。今天的"一带一路"应将物流和文化交流摆在第一位。这是丝路精神的首要表现,我们必须继承发扬。

三、陆路与海陆并举和直接交往的丝路对今天的启示（公元6—10世纪,隋唐时期）

隋唐时期是中国古代经济文化颇为繁荣的时期。与此同时,西方阿拉伯帝国（中国史籍称大食）兴起,它横跨欧亚非三大洲交界处。使整个世界分为三大文明区,西部为信奉基督的文明区,东部为儒学、佛学为主导的文明区,中部为阿拉伯伊斯兰文明区,西部与中部对立,但东部与中部友善,这种形势使丝路发展进入新阶段,显示出新特点,又给我们多项新启迪。

如果说过去的丝路以陆路为主,现在发展为海陆并举。尽管此前已有了海路,不过正规化、经常化的发展还是在唐代。《后汉书》记载,公元前166年大秦商使打着安东尼斯皇帝的旗号,从海路由越南来东汉朝贡。② 之后,三国、西晋时期也有大秦商使前

---

① 司马迁:《史记·大宛列传》卷123。
② 班固:《后汉书·大秦传》卷118。

来的记载,但由于当时中国政局不稳且分裂,使海路发展受到限制。隋唐建立后国家统一兴盛,促进海路畅通,而且制度化、常规化。广州、泉州、扬州设有市舶司,建有一套设施和规章处置海上贸易事宜,赴各地的航线也十分明确。唐宰相贾耽(730—805)根据往来商家提供的素材,写有《古今群国县道四夷述》一书,列举出7条海外航行路线,反映了丝绸海路的成熟。① 这一史实告诉我们,国家的兴盛与繁荣是丝绸之路发展的基础与前提。我们今天建设"一带一路"首要任务是要使国家振兴和强大富强起来,这是最重要的先决条件。

　　唐代的兴盛还使丝路由间接交往转向直接交往。中国人开始直接走向非洲和西方世界。据文献记载走进西亚非洲的第一个中国人是杜环。他在今吉尔吉斯斯坦的塔拉斯的一次武装冲突中被大食军所俘,但他没有被囚,而是于751年至762年走访了西亚非洲各地,最西到摩洛哥,然后到波斯湾由海路回国,著有《经行记》一书。② 与此同时来华的国外使者、学人、艺人也空前多了起来。1954年在西安南郊的唐代裴氏小娘子墓里出土的黑人陶俑就说明此情况。据史书记载,651—798年仅大食来使就有36次之多。在广州的外商多达10万余人。特别是唐政府还设置宾贡科吸引国外学子参加科举考试,并供给衣食宿,免除学费,有的也可在唐朝任职。据不完全统计,仅来自日本的学子就曾有五六百人。这种重视人才的交流是古丝路精神中值得继承

---

　　①　参见陈公元:《从贾耽的通海夷道看唐代中非关系》,《西亚非洲》1983年第3期。
　　②　杜环于751年在丹罗斯战役中被俘至大食(阿拉伯帝国),受到礼遇,能在各地考察,11年后回国。他是《通典》作者杜佑的族子,其著作《经行记》内容被收入《通典》之中。

的又一举措。

关于不同文化的包容和互鉴在唐代的丝路交往中又有新进展。例如佛教文化自东汉起传入中国,与儒道学说并存,到了唐代更发扬光大。由被动变主动,政府支持玄奘于627—645年沿丝路赴天竺(印度)取经,带回千卷佛经进行翻译。从接受传来到主动去取,这是一种飞跃。接着,当局还支持鉴真于753年将佛学从中华传到日本。他被当地人称为"日本文化的恩人"。中国使佛学外传这又是一种飞跃。伊斯兰教兴起后在西方被看成"异端"。它们为了与"异教徒"斗争,在西方竟有8次十字军东征(1096—1291),延续近两百年。但中国则不然,对伊斯兰教采取容纳的态度。630年穆罕默德建起神权国家,两年后《古兰经》就通过丝路传入长安,并建起大清真寺。① 中国这种对不同文化包容、共绘文明画卷的传统在今日世界仍然是最需要的。

四、以海路为主的"丝绸之路"发展为"瓷丝之路"的启示(公元11—14世纪,宋元时期)

丝路在宋元时期彰显出新的特征,对今天也有新的现实启迪。如下几点较为突出:

其一,如果说此前古丝绸之路是海陆并举,现在则是以海路为主,交流范围进一步扩大。宋元经济技术的进步,使中国制瓷业成为世界之冠。中国瓷器在国外不仅作为日用品,而且作为艺

---

① 参见沈福伟:《中西文化交流史》,上海:上海人民出版社,1986年,第172页。

术品和财富的象征,需求量很大。瓷、茶、丝是这一时期丝路三大交流商品,"丝绸之路"变成"瓷丝之路"。海船运送瓷器大大优越于陆路骆驼队。海路的商品运量大、作用大、影响大,可以在沿途形成经济带,并从沿海地区向内地辐射。考古发现在东非沿海的索马里、肯尼亚、坦桑尼亚等地有大量宋元瓷器,特别是有钱币,说明还有经济交易活动。与此同时,在相邻的内地津巴布韦、赞比亚、刚果、南非等地也有类似发现。① 这启示我们,今天考虑丝路经济带范围应将中南非地区包括在内。这一时期多是中国水手与阿拉伯的穆斯林水手一起从事海上贸易活动。他们常一起赴麦加朝觐,然后利用季风赴东非沿海从事贸易活动。这样便形成了从中国的泉州、广州到阿拉伯半岛,再到东非沿岸各城邦的经济航线与经济带活动。1324—1325年西非马里国王穆萨·曼萨率大队人马经开罗赴麦加的朝觐十分著名。今天在埃及的福斯塔特发现有惊人数量的中国瓷器。② 这启示我们宋元时期丝路经济带从麦加、埃及辐射到西非地区,完全可能。我们今天发展"一带一路"经济带也不能忽视西非地区。"一带一路"的各种项目合作共建都应与经济发展挂钩。我们已在巴基斯坦的瓜德尔、东非的吉布提、埃塞俄比亚、肯尼亚、坦桑尼亚等地建港口,修铁路。利用历史的渊源和自然条件的优越,构建一条发展中国家寻求复兴的经济带,完全可行并有美好前途。这是丝路经验对我们的启示。

---

① 参见朱凡:《中国文物在非洲的发现》,《西亚非洲》1986年第4期。
② 参见孟凡人、马文宽:《中国古瓷在非洲的发现》,北京:紫禁城出版社,1987年,第5页。

附录3:论古丝绸之路历史对现实的启示

其二,诸多旅行家、学者活跃在丝路线上并留有著作,是这一时期又一新现象。比如周去非的《岭外代答》(1178)、赵汝适的《诸番志》(1225)、汪大渊的《岛夷志略》(1337)等。这些著作记述了东南亚和印度洋几十个国家的情况及航海路线,特别是汪大渊两次出游,到埃及后西行至摩洛哥再返回,出红海走访东非诸城邦国,到达最南端的莫桑比克。他记述了当地的物产和人文社会情况,是十分珍贵的历史资料。外国人的著作有《马可波罗游记》[①]《伊本·白图泰游记》[②]等。这些著作介绍中国的情况是此前西方世界未有的,这些"丝路人"为架起东西方文明交流的桥梁做出了伟大贡献。但引人深思的是,他们在本国本地区受到的对待、起到的作用、产生的历史影响各有不同,可谓大相径庭。例如,马可·波罗于1275—1291年来华在元朝任职,走访了中国大江南北,其游记在西方备受后世关注,流传甚广,仅在欧洲就有143种版本,影响了几代人。哥伦布读此书后有了横渡大洋寻找中国、印度的理想并实施。[③] 伊本·白图泰是摩洛哥人,1325—1349年访问印度、印尼和中国,回国后又到西班牙、西非马里,传送东方见闻。摩洛哥埃米尔(君主)十分重视他的经历,命其秘书伊本·朱甾帮助他完成游记(1355),使之流传于西非洲和南欧。

在中国的情况则不然。汪大渊于1328—1339年走访亚非数

[①] 国内有多种译本,最初有冯承钧译的《马可波罗行纪》,后有张星烺的《马哥波罗游记》(商务印书馆出版社,1937年),较近有陈开俊等译的《马可波罗游记》(福建科技出版社,1981年)。

[②] 马金鹏根据埃及教育部1934年颁布的校订本,从阿拉伯文译出《伊本·白图泰游记》(宁夏人民出版社,1985年)。

[③] 参见杨志玖:《马可波罗在中国》,天津:南开大学出版社,1989年,第39—42页。

十个国家与地区,最后自非洲的克里马内(莫桑比克)起航,横渡印度洋回国,见闻珍贵不言而喻,1339年他便写出《岛夷志略》一书,但10年无人问津。偶遇吴鉴续编《泉州路清源志》,将其游记作附录刊用,但影响甚微。1350年汪大渊回到故乡南昌自费刻印成单行本才使《岛夷志略》一书得以问世,但后辈知者也不多。① 此情况的出现与中国国情有关。古代中国社会盛行"天朝大国"的观念,统治者自命"天子"是"天下之主",只追求"万国来朝"的盛况,重视"朝贡"但并不关注朝贡者的国情,常常仅以诸番一概而论。元代蒙古统治者横扫欧亚大陆,此理念遂变本加厉。今天我们建设"一带一路"必须改变此情况,要加强对沿线国家的调查研究,在交流与学习中发展文明,在合作共存中使民族强盛。一定要关注"一带一路"各国人民状况的研究才行。

其三,这一时期中国古代三大科技发明沿着丝路外传是又一新特点。我国古代有四大发明,造纸术发明在汉代,雕版术发明在唐代,到北宋主要有指南针、活字印刷术、火药三大发明问世。三大发明的成熟应用和外传与海上丝绸之路的发展有密切关系。从12世纪起经阿拉伯世界应用后进一步外传。火药火器曾经随着元代蒙古统治者的进军传入西方诸国。西方人比较普遍地掌握这些技术要到14世纪。所以大约在近千年的历史进程中东方比西方要先进,这是不争的事实。"到东方去",向往中国,这在当时西方世界流行一时。但是,后来三大技术在欧洲社会变革中所

---

① 关于汪大渊游历的年代,国内学界说法不一。此处用沈福伟说法,见沈福伟:《中国与非洲——中非关系二千年》,北京:中华书局,1990年,第389—392页。汪大渊的《岛夷志略》见苏继庼校译本,北京:中华书局,1981年。

起的作用和该技术在西方的创新进步则是发明所在地中国望尘莫及的。马克思曾指出中国的三大发明对西方资本主义的兴起有过显著的作用。他说:"火药、指南针、印刷术——这是预告资产阶级社会到来的三大发明。火药把骑士阶层炸得粉碎,指南针打开了世界市场并建立了殖民地,而印刷术则变成新教的工具,总的来说变成科学复兴的手段,变成对精神发展创造必要前提的最强大的杠杆。"①这一历史教训东方人需要记取。今日"一带一路"交流中科学技术的交流仍然是主要内容。历史启示我们:彼此的学习和引进不能只是模仿,而要根据自身条件引进后要不断注重创新。"一带一路"要建设成为创新之路。

五、古丝绸之路的发展高峰与变迁、消逝的启示(15—17世纪,明朝与清前期)

古丝绸之路的发展到了明朝初年达到最高峰。标志性的事件是1405—1433年郑和船队七下西洋、四次远航非洲的壮举。它的历史地位和意义有三个方面:一是海航的规模之大,航程之远,技术之高为世界航运史上前所未有的。船队有二三百艘船,2.7万余人,高档船为万吨级(长44丈4尺,宽18丈),富丽堂皇,设备齐全。低档船为百吨级。多数为1500—2000吨的中档船。它们凝聚着古代中国舟船技术的发明:水密隔壁、手摇橹、桨轮、

---

① 马克思:《机器、自然力和科学的应用》,北京:人民出版社,1978年,第67页。

船尾舵、船用指南、舰载火铳等。① 此外,《郑和航海图》之完备也为此前中外所罕见。这些都反映出古代中国人民的智慧。二是从航行的使命论,郑和求太平、睦邻、交流、和谐,集古丝路精神之大成。正如其立碑所言:"宣德化而柔远人。"② 据随从人员说,每到一处他都"颁中华正朔,宣敷文教","开读赏赐"。③ 尽管其举动中存在君王的动机:"耀兵异域,示中国富强","四夷唯,则中国宁"。但其谋和平之宗旨是可贵的。郑和每次返航都有上千人的使团来朝贡。来华商团和交流物品之多难以胜计,甚至非洲的长颈鹿和斑马也作为"麒麟""福鹿"嘉瑞送来。④ 郑和本人是伊斯兰教兼佛教徒。现存于斯里兰卡的《郑和碑》就是他为向宗教神主贡献布施而立的。⑤ 这一行动反映了他一路航行都在宣扬多元文化兼容共荣的理念。三是从历史时代背景而论,郑和航行更有其伟大之处。人类历史是由分散到整体的过程,发展到中世纪末期世界仍然是分散的。不过已形成三大文明区:西方的基督教世界,东方的儒道佛学世界,中间的伊斯兰教阿拉伯世界。历史趋势是三者要进一步联系,特别是东西方世界都要有新航路使彼

---

① 参见李新峰主编:《郑和与非洲》,北京:中国社会科学出版社,2012年,第17页。

② 明宣德六年(1431)郑和出海前,在长乐县城南山天妃庙行香,祷告航海平安,立《天妃灵应之记》碑,见萨士武:《郑和研究资料选编》,北京:人民交通出版社,1985年,第102页。

③ 马欢:《瀛涯胜览》;费信:《星槎胜览》;巩珍:《西洋番国志》,皆有中华出版局的版本。

④ 参见郑鹤声、郑一钧编:《郑和下西洋资料汇编》(增编本)中册,北京:海洋出版社,2005年,第247页。

⑤ 斯里兰卡现仍存有"布施锡兰山佛寺碑",用中文、泰米尔文、波斯文记载郑和向佛祖、真主及婆罗门教保护神毗湿奴敬献布施的事实。

此沟通。1405年郑和起航后,1415年葡萄牙人也起航准备探险西非航线能到东方,它们占领了摩洛哥休达港。1440年他们航行到达了佛得角。继葡萄牙人之后,西班牙、荷兰、英国、法国都开始此项航海探索。这样便造成航海世纪的到来。不管郑和是否意识到这一点,就历史事实而论他居于这个航海世纪的首席开拓者地位。更重要的是,他之后的西方航海家们都接受了他的航海成就,才取得开辟新航路的成功。不管他们承认与否,郑和是其先驱者。后起的西方航海家们仅仅是探索西非航线就花费了近一个世纪的时间,但在1498年他们绕过好望角进入印度洋,仅用23天就横渡印度洋到达印度,接着又顺利到达东南亚各地,再到太平洋。很显然,这与此前郑和等"丝路人"打下的航行基础分不开。

20世纪初,世界进入整体化时代。20世纪末,世界又向全球化过渡。中国正在逐步走进世界中心,在此形势下一定要继承郑和的光荣传统,要有一流的海军和海上运输力量,成为海上强国。随着科技的进步,世界的联系又有了航空、信息网络,陆路也有了新工具,如高铁。在这些领域,我们都需要继承郑和的开拓精神。

习近平主席在"一带一路"高峰论坛上回顾"古丝路人"的事迹时指出:"15世纪初的明代,中国著名航海家郑和七次远洋航海,留下千古佳话。这些开拓事业之所以名垂青史,是因为使用的不是战马和长矛,而是驼队和善意;依靠的不是坚船和利炮,而是宝船和友谊。一代又一代'丝路人'架起了东西方合作的纽带、和平的桥梁。"①

但历史的进程总是曲折的,古丝路的高峰为时不久就遭遇挫折。郑和的事业没能继续,甚至在以后的年代里他的名字也逐渐为国人所淡忘了。直至1904年梁启超写了一篇纪念文章,称他为"祖国伟大航海家",这才揭开研究郑和的序幕。② 这里有诸多深层次的问题有待探讨。

1.关于丝路的动力问题。郑和航行之举的动力主要是皇帝明成祖朱棣的支持,所从事的商贸活动也全靠官办手工业作坊支撑。一旦顶层意向有变就全变了,朱棣继任者无法说服朝内反对派"下西洋太费钱粮"的意见,便改变了一切。然而这一时期西方早期的航海探索活动却不然,他们除了有国王的支持外,还有新兴工商业的支持。欧洲商业贸易中心自从有新航路之后便从地中海地区转移到大西洋沿岸,在荷兰、英国出现了商贸中心城市和造船业基地,这样便使新航路的探索不断有新的动力资源。今天我们建设"一带一路"也必须要从中国和参与国的社会经济改革中寻求动力资源,要有新的经济带建立。

2.关于如何应对反时代大潮的逆流活动干扰问题。这是维持丝路畅通的又一难题。整个明代和清朝前期都有东部沿海地区倭寇的捣乱和北方边境安全问题的干扰。如何应对?明清政府不考虑世界大趋势,而是采取消极的"海禁""锁国"政策,直到1757年,才仅让虎门一港与海外联系,最终因闭关自守落后于世

---

① 习近平:《携手推进"一带一路"建设——在"一带一路"国际合作高峰论坛开幕式上的演讲》,《人民日报》2017年5月15日第3版。
② 梁启超:《祖国大航海家郑和传》,原载于《饮冰室合集》,见《郑和研究资料选编》,北京:人民交通出版社,1985年,第20—28页。

界潮流被人用炮舰打开了大门而受奴役。今天世界的经济全球化大潮也受到干扰,反全球化的逆流事件层出不穷。恐怖主义、民粹主义、单边主义都十分猖獗。历史教训告诉我们,开放的"一带一路"事业必须要坚定不移向前走,要坚决反对一切逆流活动。

3. 关于确保丝路精神的问题。这是最重要的议题,古丝路的夭折和终结不是因为丝绸之路航海线路的改变,也不是因为运送商品的变化,而是因为丝路精神的丧失。葡、荷、英、法等殖民者来到东方后,起初它们继续沿着原丝绸之路航线航行,仍旧以丝绸、瓷器、香料、茶叶等传统商品进行贸易。这一度使明清政府获得不少白银。但在此过程中西方殖民者另有所谋,他们一方面用武力与鸦片进行航运贸易,另一方面利用中国政府的"锁国"政策掌握了原丝路的控制权,取得一些殖民基地,从而改变了古丝路精神,使之为殖民主义服务,这些最终导致古丝路的不复存在。所以,我们今天必须要弘扬与捍卫丝路精神,要把掌握"一带一路"的主导权和方向摆在首位。

习近平总书记郑重地向世界宣称:"古丝绸之路绵亘万里,延续千年,积淀了以和平合作、开放包容、互学互鉴、互利共赢为核心的丝路精神,这是人类文明的宝贵遗产。"[①]对此我们一定要认真研究、继承发扬,为构建和平美好的人类命运共同体而奋斗。

(本文发表于《安徽史学》2018 年第 3 期)

---

① 习近平:《携手推进"一带一路"建设——在"一带一路"国际合作高峰论坛开幕式上的演讲》,《人民日报》2017 年 5 月 15 日第 3 版。